Panaghiótis Chrístou - Katharini Papastamatis

GÖTTER UND HELDEN
GRIECHISCHE MYTHOLOGIE
DER TROJANISCHE KRIEG UND DIE ODYSSEE

Idee und Entwurf: Casa Editrice Bonechi
Verlagsdirektor: Monica Bonechi
Bildforschung: Alberto Andreini
Grafischer Entwurf und Umschlaggestaltung: Maria Rosanna Malagrinò
Video-Umbruch: Alberto Douglas Scotti
Texte: Panaghiótis Chrístou *und* Katharini Papastamatis
Übersetzung: Olaf Dräger *und* Heide Marianne Siefert
Redaktion: Simonetta Giorgi

©Copyright by Casa Editrice Bonechi, Via Cairoli 18/b, Firenze (Florenz) - Italien

E-mail: bonechi@bonechi.it
Internet: www.bonechi.it

Gemeinschaftswerk. Alle Rechte vorbehalten. Der Nachdruck, auch auszugsweise, die Speicherung oder Übertragung dieser Veröffentlichung in welcher Form auch immer oder mit welchen Mitteln auch immer - elektronisch, chemisch oder mechanisch - mittels Fotokopien oder mit anderen Systemen einschließlich Film, Radio und Fernsehen, sowie mit Systemen der Archivierung und der Informationssuche, sind ohne die schriftliche Genehmigung des Herausgebers untersagt.
Der Umschlag, der Umbruch und alles, was von den Grafikern der Casa Editrice Bonechi für diese Veröffentlichung erstellt wurde, sind durch internationales Copyright geschützt.

Die von Andrea Innocenti, Gianni Dagli Orti, Paolo Giambone, *dem Studio* Gabriel Koutoulias *und* Smara Ayacatsica *hergestellten Fotos sind Eigentum der* Casa Editrice Bonechi.

Die Fotos auf Seite 18, 20, 22, 29, 32, 33 unten, 34/35, 41 oben, 42 unten, 49 oben, 50, 61 unten, 65, 76, 86 und 108 unten links sind Eigentum von Gianni Dagli Orti.

Die Fotos auf S. 4/5, 8, 9, 10, 33 oben, 37, 42 oben, 46/47 unten, 57, 74 rechts, 79, 85, 88, 90/91, 100, 101, 104, 108 unten rechts, 111, 113 und 114/115 gehören dem Archiv Scala.

Zeichnungen: Alessandra Chiarlo *(S. 50, 58, 59, 60, 65, 78, 80, 92, 96, 102, 120, 122);*
Linda Imposimato *(S. 19, 38, 39, 45, 51, 67, 68, 69, 72, 73, 81, 89, 99, 116).*

Druck in Italien: Centro Stampa Editoriale Bonechi

ISBN 88-8029-888-7

* * *

EINFÜHRUNG

Jedes geschichtliche Volk hatte das Bedürfnis, Naturerscheinungen aller Art in Fabeln und Erzählungen zu erklären. Die Launen des Wetters oder das Sprudeln der Quellen, die bunte Vielfalt der Blumen oder die Zerstörungskraft eines Erdbebens – alles forderte zur Deutung und Sinngebung heraus. Nicht zuletzt versuchte man so auch, geheime Regungen in Geist und Seele des Menschen zu verstehen.
Die schöpferische Phantasie der alten Griechen schuf aus vielfältig verknüpften Geschichten einen Sagenschatz von besonderem Rang. Der enge Austausch mit den Kulturen der ganzen Mittelmeerwelt erschloß ihnen auch fremde Erzählmotive in Hülle und Fülle. Diesem mythologischen Weltbild wollen wir hier nachspüren.
Der Mythos darf übrigens nicht mit der eigentlichen Religion der Griechen verwechselt werden. Zwar setzen die Geschichten oft Glaubensinhalte ins Bild oder sind von religiösen Festen und Riten angeregt. Aber der Mythos ist zur Wandlung und Weiterentwicklung fähig, während die Religion statischer Natur ist.

Die griechische Mythologie darf nämlich nicht als ein einheitliches Gedankengebäude mißverstanden werden. Viele Geschichten wurden in den verschiedenen Gegenden Griechenlands ganz unterschiedlich dargestellt. Wichtig ist auch, in welcher Zeit oder vor welchem Hintergrund eine Sage erzählt wurde. Aus den unterschiedlichsten Anlässen heraus wurde der Stoff immer wieder neu gefaßt, etwa für eine öffentliche oder private Kultfeier, für das breite Publikum im Theater oder gar zur Verdeutlichung einer philosophischen Idee vor einem kleinen Zuhörerkreis. Neben solch öffentlichen, meist literarisch bearbeiteten Darbietungen von Sagen gab es natürlich einen breiten Strom mündlicher Mythenüberlieferung im Volk.
Unser Wissen über den griechischen Mythos beruht meist auf der Wiedergabe bei den Schriftstellern des Altertums. Nach eigenen Interessen haben die Autoren dort eine Auswahl aus den ihm bekannten Versionen getroffen.
Anderes kennen wir nur aus den Zeugnissen der antiken Kunst, wobei bemalte Vasen, verzierte

Bronzebleche oder Steinreliefs von Sarkophagen oder vom Schmuck prächtiger Gebäude an erster Stelle stehen. Der Deuter unserer Tage steht vor der schwierigen Aufgabe, nach Jahrtausenden zu ergründen, was für eine Geschichte jeweils gemeint ist. Noch spannender ist oft die Frage, warum dieser Mythos wiedergegeben ist, und ob dahinter ein tieferer Sinn verborgen ist. Auch Sagenbilder werden ja nicht nur als Verzierung angebracht. Ähnliche Darstellungen wurden übrigens in Griechenland, in Unteritalien und Sizilien oder in Etrurien jeweils ganz unterschiedlich verstanden und hinter gleichartigen Bildern können sich ganz unterschiedliche Geschichten verbergen.

Bei näherer Betrachtung schälen sich einige wenige Regionen heraus, deren örtliche Sagenüberlieferungen geradezu kanonisch wurden. In erster Linie ist hier an Athen zu denken, das Hauptzentrum Mittelgriechenlands, aber auch an Korinth im Nordosten und Sparta im Süden der Peloponnes. Das erzählerische Erbe dieser drei Städte mit überragender kultureller Bedeutung steht im Mittelpunkt der Überlieferung. Aber auch abgelegene Landschaften des alten Hellas haben manchmal einen gewichtigen Beitrag geleistet, so daß die dort geläufigen Sagen in den bekannten Erzählschatz Eingang fanden. Die Erzählkunst der alten Hellenen hat Gestalten von universeller Gültigkeit geschaffen, die auch für uns seit Generationen zu Leitbildern im Guten wie im Bösen geworden sind. Diese mythischen Leitmotive fielen der römischen Welt als gedankliches Erbe in den Schoß, wurden von den Literaten des Mittelalters umgedeutet, um dann durch die wiedererwachte Begeisterung an den alten Schriften in Renaissance und Humanismus neues Interesse zu finden. In klassizistischem oder romantischem Gewande erstanden sie wieder und werden schließlich in unserer zeitgenössischen Kunst auf eigene Weise metaphysisch gedeutet. So eigneten sich alle Kulturen des Abendlandes Schritt für

Schritt nicht nur die im antiken Griechenland geschaffenen Geschichten und Figuren selbst an, sondern auch die Anschauungen und Ideale, welche in ihnen Gestalt gewonnen haben.

Noch immer ist die Vorstellung von der Kraft des Herkules lebendig, von der Treue der Penelope, der Bruderliebe der Antigone, der redlichen Freundschaft von Achill und Patroklos, der Schönheit der Aphrodite, der Macht des Eros oder der unparteiischen Gerechtigkeit des Zeus. Wer kennt nicht Odysseus, seine sprichwörtliche Listigkeit und sein einsames Sehnen, denen James Joyce in seinem Roman ‚Ulysses' ein Denkmal gesetzt hat? Wer wüßte nicht von den in der alten Sage verschlüsselten schmerzhaften Entdeckungen, die Sigmund Freud mit dem Begriff des ‚Ödipuskomplexes' auf den Punkt gebracht hat? Welchem Leser von Christa Wolf stünden Kassandra und Medea nicht näher als manche modernen Romanheldinnen?

Die Versammlung der Götter auf dem Olymp. Der allherrschende Göttervater Zeus sitzt auf dem Thron und trägt ein Zepter in der Hand. Zentrales Deckengemälde (Tondo) in der Sala dell'Iliade. Fresko von Luigi Sabatelli (1722-1850). Florenz, Palazzo Pitti.

Auf Seite 3: Das archaische Bild des stolzen Löwen, der den Götterwagen der Kybele zieht und zum Sprung auf einen der mit den Göttern des Olymp kämpfenden Giganten ansetzt, ruft die atavistischen Ängste wach, von denen der Mensch sich zu befreien suchte, indem er sie in mythologische Geschichten einband. Ausschnitt aus dem Nordfries des von den Siphniern geweihten Schatzhauses im Heiligtum des Apollon Pythios (um 525 v. Chr.). Delphi, Archäologisches Museum.

I.
DIE ENTSTEHUNG DER GÖTTERWELT

DIE URGÖTTER GAIA UND URANOS

Am Anfang war das Chaos, die grenzenlose Leere des Weltraumes. Aus ihm entstanden Gaia (die Erde) und bald darauf Eros (die Liebe). Ohne Zutun eines Mannes brachte die Erdgöttin den Pontos (das Meer) und den Uranos (den Himmel) hervor. Darauf vereinigte sie sich mit ihrem Sohn Uranos, denn allein der Himmelsgott konnte die Erdmutter umfassen. Sie gebar eine reiche Schar von Kindern, so die Titanen, sechs Brüder und sechs Schwestern, und die Kyklopen. Dann aber war sie der eigenen Fruchtbarkeit überdrüssig und bat ihre Kinder, sie aus den gewalttätigen Umarmungen des Uranos zu befreien. Alle weigerten sich bis auf den Jüngstgeborenen, Kronos (die Zeit). Er rüstete sich mit einer Sichel, entmannte den eigenen Vater und warf die Schamteile ins Meer. Bei der Verstümmelung des Uranos spritzten Blutstropfen hervor und befruchteten die Erdmutter aufs neue. Daraus entstanden die Erinnyen als Rachedämonen, die riesigen Giganten und die Nymphen, welche in den Eschen wohnen. Die Sichel schleuderte Kronos ins Meer, und einige erzählen, daß so die Insel Korfu gebildet wurde, das Heimatland der Phäaken, welche gleichfalls aus dem Blute des Gottes geboren waren.

Der Golf von Korinth, dessen kontrastreiche Farben auf vollkommene Weise mit den Naturelementen verschmelzen, lassen an den großen mythischen Augenblick der Schöpfung denken, als die Göttin Gaia (Erde) Pontos (Meer) und Uranos (Himmel) zeugt.

KRONOS UND RHEA: DIE GEBURT DER GÖTTER

Nachdem Kronos seine Mutter Gaia befreit hatte, warf er seine Geschwister in den Tartaros. Das ist die tiefste der Weltengegenden, noch bodenloser, als die Unterwelt selbst. So erlangte er allein die Weltherrschaft und erhob seine Schwester Rhea aus dem Geschlecht der Titanen zur Gattin. Er hatte aber durch eine Prophezeiung erfahren, daß sein eigenes Kind ihn entmachten würde. Daher verschlang er zur Verzweifelung Rheas alle seine Nachkommen, kaum daß sie das Licht der Welt erblickt hatten: die Knaben Hades und Poseidon sowie die Mädchen Hestia, Demeter und Hera. Eines der Kinder rettete die Mutterliebe jedoch. Da Rhea zum sechsten Mal schwanger war, zog sie sich nach Kreta in eine Grotte am Berge Ida zurück und gebar dort heimlich und bei Nacht den kleinen Zeus. Um bei Kronos keinen Verdacht zu erregen, reichte sie ihm einen großen Stein, den sie in eine Decke gewickelt hatte und den der Grausame sofort verschluckte. Der Säugling wuchs schnell heran, denn er wurde von der Ziege Amalthea mit ihrer wundersamen Milch gestillt. Gute Geister, die Kureten und Korybanten, übertönten sein Schreien mit dem Lärm ihrer Waffen, welche sie gegen die Schilde schlugen, und schützten ihn so vor Kronos' Rache.

Als Strafe dafür, daß der Titan Atlas sich gegen Zeus erhoben hat, wird er dazu verurteilt, für alle Zeiten das Himmelsgewölbe auf seinen Schultern zu tragen. Römische Marmorstatue (2. Jh. n. Chr.), sog. "Farnesischer Atlas". Neapel, Archäologisches Nationalmuseum.

DER KAMPF DER OLYMPIER GEGEN DIE TITANEN

Als Zeus herangewachsen war, wollte er sich der Herrschaft bemächtigen. Daher fragte er Metis ('die Klugheit') um Rat. Diese gab ihm einen wundersamen Trank, den er Kronos reichen sollte, auf daß dieser die einst verschlungenen Kinder wieder ausspeie. So geschah es, und die Geschwister waren befreit. Mit ihrer Hilfe trat Zeus gegen Kronos an, der seinerseits die Titanen, seine Brüder und Schwestern, aus dem Tartaros heraufholte. Der Kampf gegen das ältere Göttergeschlecht dauerte zehn Jahre und endete mit dem Triumph des Zeus und seiner Geschwister, die nun ihre Herrschaft als Olympische Götter begannen, während Kronos und die Seinen aus dem Himmel vertrieben wurden. Nach dem Sieg verteilten die Brüder die Macht untereinander durch das Los. Auf Hades fiel die Herrschaft der Unterwelt, auch empfing er einen Zauberhelm, der unsichtbar macht. Poseidon erhielt das Meer und dazu einen Dreizack, mit dem er Gewässer aufwühlt und die Erde erschüttert. Zeus bekam den Himmel sowie Blitz und Donner, welche die Kyklopen ihm schmiedeten. Auch fiel ihm die Oberherrschaft über das Weltenganze zu.

DER KAMPF DER GÖTTER GEGEN DIE GIGANTEN

Die Teilung der Macht brachte jedoch keinen Frieden auf Dauer. Als Gaia erfuhr, daß ihre Kinder in den finsteren Tartaros verbannt waren, verbündete sie sich mit den Giganten, die sie einst aus dem Blute des verstümmelten Uranos geboren hatte. Die Giganten waren Riesen mit struppigem Haar und Schlangenbeinen, von schrecklichem Aussehen und gewaltiger Kraft. Unter Führung von Zeus nahmen alle Götter an dem großen Waffengang teil. Er schwang den mächtigen Blitz und schützte sich mit der aus dem magischen Fell der Ziege Amalthea gefertigten Ägis. Auch seine Lieblingstochter Athena tat sich hervor. Sie trug ebenfalls die Ägis, die ihr der Vater verliehen hatte. Daran heftete sie das schreckliche Haupt der Medusa, ein Geschenk des Helden Perseus. Als besonderer Verbündeter war auch ein Sterblicher dabei, nämlich der Held Herakles. So konnte die Prophezeiung wahr werden, nach der die Giganten nur zu überwinden seien, wenn sie von Gott und Mensch zugleich angegriffen würden. Diejenigen Riesen, welche die siegreichen Götter nicht töteten, mußten durch Zeus schwere Strafen und ewige Verdammnis dulden, wie der Titanensohn Atlas, der auf alle Zeit zum Tragen des Himmelsgewölbes verurteilt wurde. Gaia sandte im Zorn einen weiteres Ungeheuer gegen die Olympier, den schlangenfüßigen Riesen Typhon. Auch er wurde von Zeus überwunden, der zuletzt den Ätna auf ihn wälzte. Dieser Wüterich hatte die Urmutter aller Ungeheuer zur Frau, die schreckliche Echidna, eine Bestie mit einem Frauenleib und dem Schwanz einer Schlange anstelle von Beinen. Beide zeugten viele Untiere, die in der Vorzeit die Erde bevölkerten. Zu diesen gehörten der Höllenhund Kerberos, die Sphinx von Theben, der zweiköpfige Hund Orthros, die Chimaira und die Lernäische Hydra sowie jene beiden Drachen, welche das goldene Vlies und die Äpfel der Hesperiden hüteten. In diese Sippe gehört auch der nemeische Löwe, den die Echidna schändlicherweise mit ihrem hündischen Sohn Orthros gezeugt hatte.

DIE ERSCHAFFUNG DES MENSCHEN

Als das urzeitliche Chaos der göttlichen Ordnung Platz gemacht hatte, die Götter vom Olymp aus regierten und die barbarischen Dämonenmächte in die Unterwelt verbannt waren, bevölkerte Zeus die Erde mit vielerlei Geschöpfen. Er beauftragte zwei seiner Vettern aus dem Titanengeschlecht, Epimetheus und Prometheus, unter allen Wesen die Gaben der Götter zu verteilen. Epimetheus begann und verlieh der einen Tierart die Schönheit und einer anderen die Stärke, die Flinkheit dem Kleinen, die Listigkeit dem Wehrlosen und verschenkte die Klugheit, um körperliche Mängel auszugleichen.

Seinen Bruder Prometheus nennt man den Wohltäter der Menschen. Diese hatten von Epimetheus nämlich am Ende nichts bekommen und wären zur Nacktheit, Dummheit und Wehrlosigkeit verdammt gewesen, wenn Prometheus nicht eingegriffen hätte. Manche Erzähler berichten sogar, daß er selbst die Menschen aus Ton geformt hat. Prometheus verstieg sich schließlich dazu, Zeus selbst zu betrügen, um den Sterblichen Gutes zu tun: Während eines feierlichen Opfers zerteilte er ein Rind und ordnete die Stücke in zwei Haufen. Einer bestand aus Fleisch und Eingeweiden, welche er mit der trockenen Haut bedeckte, ein anderer aus den Gebeinen, über die er jedoch das schiere Fett breitete. Er ließ Zeus auswählen, welcher Teil für die Götter sein sollte, und welcher für die Menschen. Der Götterkönig wählte für die Unsterblichen das saftige Fett. Als er aber entdeckte, daß darunter nur die blanken Knochen steckten, überkam ihn ein neidvoller Groll auf die Menschen. Daher nahm er ihnen eines ihrer kostbarsten Güter wieder weg, nämlich das Feuer. Noch einmal eilte Prometheus den Sterblichen zu Hilfe und raubte für sie Feuersamen von der Sonnenscheibe. Manche behaupten auch, er habe die Flammen aus der Esse des Schmiedegottes Hephaistos gestohlen. So kam die kostbare Glut, ohne welche die Menschen nicht überleben konnten, auf die Erde zurück.

Zeus beschloß nun, den Frevler endgültig zu strafen. Prometheus wurde mit stählernen Ketten an das Kaukasusgebirge geschmiedet. Jeden Tag kam ein Adler, um seine Leber zu fressen, wel-

Der Titan Prometheus, den Zeus für seinen Betrug im Interesse des Menschengeschlechts bestraft, wird an einen Felsen des Kaukasusgebirges geschmiedet, wo ein Adler des Göttervaters Tag für Tag die ständig nachwachsende Leber abfrißt. Gegenüber der Titan Atlas, der gezwungen ist, das Himmelsgewölbe zu tragen. Bemalte lakonische Schale, sog. Arkesilas-Schale (um 550 v. Chr.);
Vatikanische Museen: Inv.-Nr. 16592.

Der Kampf der Götter gegen die Giganten: im Vordergrund stellt sich die Göttermutter Hera den Gegnern. Detail aus dem Nordfries des mit Skulpturen geschmückten Schatzhauses der Siphnier, das die Bewohner der Insel Siphnos um 525 v. Chr. im großen Apollonheiligtum in Delphi zur Aufbewahrung von Weihgaben errichteten. Delphi, Archäologisches Museum.

che immer wieder nachwuchs. Erst nach dreißigjährigem Leiden wurde er schließlich befreit, als Herakles den stolzen Göttervogel mit einem Pfeil tötete. Den Sterblichen sandten die Götter das erste Weib mit dem Namen Pandora, das heißt ‚die Gabenreiche'. Alle Olympier hatten mitgewirkt, um dieses Wesen zu erschaffen. Wie ihr Name verrät, war sie mit Schönheit und Anmut, Geschick und Beredsamkeit reich beschenkt, aber der boshafte Hermes senkte ihr auch die Lüge und Verschlagenheit ins Herz. Zeus schickte sie dem Epimetheus, und dieser wurde von ihrer Schönheit sogleich bezaubert. Daß sein Bruder Prometheus ihn ermahnt hatte, den Geschenken des Zeus zu mißtrauen, vergaß er und heiratete sie. Trotz der Ratschläge und Warnungen des Epimetheus wurde Pandora von Neugier übermannt und öffnete eine Büchse, in der alle Übel eingeschlossen waren, die nun ausströmten und sich gegen das Menschengeschlecht kehrten. Andere Erzähler berichten es so, daß die besagte Büchse große Wohltaten für die Sterblichen enthielt und Pandora sie entweichen ließ. Gerade noch rechtzeitig habe sie den Deckel schließen können, so daß wenigstens die Hoffnung noch darin geblieben sei.

Trotz aller Gaben der Unsterblichen fanden die Menschen keine Gnade bei Zeus. Er kam zu dem Schluß, daß sie durch Laster und Leidenschaften verdorbene Frevler waren, und wollte sie deshalb in einer großen Überschwemmung vernichten.

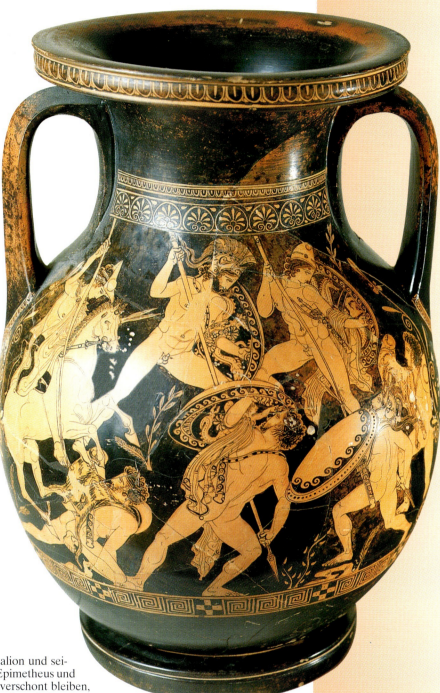

Einzig der Prometheussohn Deukalion und seine Gattin Pyrrha, die Tochter des Epimetheus und damit zugleich seine Base, sollten verschont bleiben, denn sie waren gut und gerecht. Auf göttlichen Rat erbaute sich das Paar eine große Lade oder Kiste aus Holz, in welche sie beide hineinkrochen. Darin geschützt schwammen sie auf den schäumenden Wassern der Flut, welche nun neun Tage und Nächte die Erde überschwemmten. Als sich das Hochwasser langsam zurückzog, landeten sie an den Bergen Thessaliens und wurden dort freundlich vom Götterboten Hermes empfangen. Zeus hatte ihn gesandt, um dem Paar einen Wunsch zu erfüllen, was auch immer es sein möge. Deukalion und Pyrrha baten sehnlich um menschliche Gefährten, damit sie ihr Leben nicht in völliger Einsamkeit verbringen müßten. Da befahl Zeus, daß sie die Gebeine ihrer eigenen Mutter über die Schultern hinter sich werfen sollten. Pyrrha war entsetzt, aber Deukalion deutete Zeus' Worte und erkannte, daß damit Steine gemeint waren, da ja die Felsen die Gebeine der Urmutter Erde sind. Als die beiden nun Gestein über ihre Schultern warfen, entstanden aus den Brocken des Deukalion Männer, aus denen der Pyrrha die Frauen, und die Erde war wieder bevölkert.

Poseidon, Ares und Hermes im Kampf gegen die Giganten, die der klaren Übermacht der Gegner nicht gewachsen sind. Rotfigurige attische Pelike von einem Künstler aus dem Kreis des Pronomos-Malers, um 400 v. Chr. Athen, Archäologisches Nationalmuseum: Inv.-Nr. 1333.

Kolossalkopf des Zeus. Teil eines großen marmornen Kultbildes (2. Jh. v. Chr.), das den Göttervater auf dem Thron sitzend darstellte und bei Aegeira in der Landschaft Achaia gefunden wurde. Die Statue, die allgemein für ein Werk des Athener Bildhauers Eukleides gehalten wird, wurde noch im 2. Jh. n. Chr. von dem Schriftsteller Pausanias in Aegeira erwähnt. Athen, Archäologisches Nationalmuseum: Inv.-Nr. 3377.

II.

DIE GÖTTER DES OLYMP

Die Götter des griechischen Pantheon leuchten in Erhabenheit und sind mächtig in ihren göttlichen Fähigkeiten. Zugleich ist ihr Handeln jedoch Leidenschaften und Schwächen, manchmal sogar Launen unterworfen. Obwohl sie eigentlich Herrscher über alle Sterblichen sind, treten sie den Menschen manchmal auch von gleich zu gleich gegenüber. Die Götter residieren auf dem Olymp, der sich an der Grenze zwischen Makedonien und Thessalien erhebt. Schon von ferne ließ die prächtige Erscheinung dieses Berges ihn zum Inbegriff der Herrlichkeit der himmlischen Residenz werden.

DER GÖTTERKÖNIG ZEUS

Zeus ist ein auserwählter Herrscher: Er ist von Kronos und Rhea geboren, wurde von der heiligen Ziege Amalthea aufgezogen und von den Nymphen und den Korybanten behütet. Er hat die unumschränkte Herrschaft erworben, indem er Titanen und Giganten niederwarf. So thront er nun im lichtdurchfluteten Himmel.

Er ist der Herr über die Erscheinungen des Himmelsgewölbes, das Licht und die gleißenden Blitze. Seine Macht zeigen schon seine Herrschaftsinsignien: als Leuchte des Himmels der Blitz, der in Asche verwandeln kann, wen er trifft, als Symbol seiner königlichen Herrschaft das Szepter und als undurchdringlicher Panzer die Ägis aus dem Fell der Ziege Amalthea. Mit diesen Symbolen seiner Macht ausgestattet ist er der Garant der Weltordnung und der Spender des Rechts. Als Gewährsmann königlicher Herrschaft und gesellschaftlicher Rangordnung übt er seine Macht über Menschen und Götter aus.

Aus der Vereinigung von Zeus mit seiner geschwisterlichen Gattin Hera entstanden der Kriegsgott Ares, die Geburtsgöttin Eileithyia, welche auch in der Vielzahl erscheint, und die Göttin der Jugend, Hebe. Aus den Liebesbeziehungen des Gottes mit anderen Frauen unsterblicher oder menschlicher Natur erwuchsen alle anderen Götter, Halbgötter und auch die großen Heldengestalten des alten Griechenland.

ZEUS' VERWANDLUNGEN UND LIEBESABENTEUER

Die wichtigste Liebschaft, die Zeus je mit einer Unsterblichen hatte, war die mit seiner ersten Favoritin, der Göttin der Klugheit Metis. Die Angebetete versuchte verzweifelt, aus dem Palast ihres Verehrers zu fliehen, mußte sich seinem Willen aber schließlich beugen und empfing in ihrem Schoße die göttliche Athena. Aber die Erdmutter Gaia hatte Zeus ein Orakel gespendet: aus dem Mutterleibe der Metis würde eine Tochter hervorgehen, deren Sohn dem Göttervater einst die Herrschaft entreißen werde. Um gegen böse Überraschungen gefeit zu sein, verschlang Zeus kurzerhand seine Geliebte und setzte selbst die Schwangerschaft fort.

Links die Chariten oder Grazien, die Göttinnen der Anmut: Akanthussäule, Weihgabe aus Athen für das Apollonheiligtum in Delphi, um 330 v. Chr. (zuweilen auch für eine Darstellung der drei Töchter des legendären Athener Königs Kekrops gehalten). Delphi, Archäologisches Museum.
Rechts Themis, die Göttin der Gerechtigkeit: Marmorstatue von Agorakritos. Das Werk entstand um 280 v. Chr. als Kultbild für den Tempel der Göttin in Rhamnus, Attika. Athen, Archäologisches Nationalmuseum: Inv.-Nr. 231.

Inzwischen war Hera wegen der Eskapaden ihres Gatten eifersüchtig geworden. Sie war außerdem erbost, daß er als Mann ein Kind zur Welt zu bringen sollte. So gebar sie, ohne daß ein Mann sich ihr genähert hatte, den Hephaistos, den Gott des Feuers und der Esse. Als die Zeit gekommen war, wurde der Schmiedegott selbst zum Geburtshelfer der Stiefschwester: er schwang seine riesige Axt und spaltete Zeus' Hirnschale. So kam Athena zur Welt und sprang gleich in voller Rüstung aus dem väterlichen Haupt.
Nicht weniger berühmt und gefeiert war die Liaison zwischen Zeus und Leto, aus welcher der Lichtgott Apollon und die Jagdgöttin Artemis hervorgingen. Als Leto mit dem Zwillingspaar schwanger ging, wurde sie von der eifersüchtigen Hera verfolgt. Ruhelos mußte sie über den Erdkreis irren, denn die Götterkönigin verbot jedem Winkel der Welt, die Gebärende zu beherbergen. «Kein Ort auf dem Meer wie auf dem festen Land darf sie aufnehmen», so hatte sie sich ausgedrückt.
Dieser Bestimmung entging ein einziger Fleck Erde, nämlich die Insel Delos. Sie war damals nicht mit dem festen Meeresgrund verbunden, sondern schwamm frei in der Mitte der Ägäis. Zumindest erzählten es sich die alten Griechen so. Sie wollten damit wohl die starken Meeresströmungen um Delos herum erklären, die ein Anlanden sehr erschwerten. Da dieses Eiland also in der Vorzeit weder Meer noch festes Land war, konnte es die arme Leto aufnehmen und der Geburt des göttlichen Zwillingspaares teilhaftig werden. Zum Dank dafür wurde Delos mit vier riesigen Säulen auf dem Meeresboden befestigt, die sie fortan verankerten. Die Insel wurde bald eines der Haupttheiligtümer der Apollonverehrung.
Von Dione wurde dem Zeus die Liebesgöttin Aphrodite geboren. Dione ist die weibliche Form des Namens Zeus und bedeutet soviel wie ‚Herrin des strahlenden Himmels'. Daher wird sie als Tochter des Himmelsgottes Uranos angesehen. Man hielt sie daneben für die Göttin des Wassers und der Quellen, welche die Orakel spenden. Aus diesem Grund nennt man sie auch ein Kind des Weltenstromes Okeanos, des Vaters aller Wasserströme und Verkörperung der lebenspendenden Gewässer.
Aus der Liebesverbindung mit einer anderen seiner göttlichen Schwestern, nämlich der Korn- und Ackergöttin Demeter, erwuchs dem Zeus seine Tochter Persephone, die künftige Göttin der Unterwelt und Gefährtin des Hades.

Der Gipfel des Olymp. Die schneebedeckte Spitze dieses faltigen, rauhen Bergmassivs in Thessalien, die wie ein Juwel von dem azurblauen Himmel, dem satten Grün der Pinien, den silbrig schimmernden Olivenbäumen, die an seinen Hängen wachsen, und von dem am Fuß des Berges schäumenden Meeresfluten eingefaßt wird, galt bei den Griechen als der Sitz des Pantheons, der legendären Götterversammlung, die sich an der Gesellschaft der Grazien und Musen erfreute. Auf Befehl des allherrschenden Zeus, der auch olympischer Zeus genannt wird, leiteten die Götter die Geschicke der Menschen auf der Erde von der Geburt bis zu ihrem Tod. Ihr ganzes Leben vollzog sich unter dem Einfluß der nicht immer gerechtfertigten und zuweilen gar launenhaften Entscheidungen der Götter, die manchmal helfend eingriffen und Mitleid walten ließen, hin und wieder aber auch unbarmherzig drückende Lasten auferlegten. Dabei wurden sie von den menschlichen Ereignissen niemals tief berührt, da sie stets in ihrer "olympischen" Distanz verblieben. So wurde der Berg zu einem Symbol für das unerreichbar Erhabene und für die Gelassenheit der Seele, deren Erforschung später auch Gegenstand zahlreicher philosophischer Richtungen werden sollte.

Themis, die Göttin des Rechtes und der ewigen Gesetze, war Ratgeberin der Götter. Apollon lernte bei ihr die Orakelkunst. Sie hatte Zeus empfohlen, sich im Kampf gegen die Giganten mit der Ägis zu schützen. Auch Themis wurde die Geliebte des Götterkönigs, nach Metis die zweite in seiner Gunst. Aus der Liebesverbindung der beiden entsprang eine ganze Schar von Kindern. Die Horen sind hier als erste zu nennen, die Göttinnen der Jahreszeiten, welche die alten Griechen zunächst in der Dreizahl verehrten. Erst in späterer Zeit meinte man, in den Horen auch die Herrscherinnen der Stunden zu erkennen. Auch die Moiren sind zu dritt. Sie walten über das Schicksal, das jeden erwartet, über sein Leben und sein Glück. Nach einem unverbrüchlichen Gesetz, das auch die Götter nicht aufheben können, regieren sie mit einem Faden die Dauer, die dem Leben jedes Sterblichen zubemessen ist. Klotho spinnt ihn, Lachesis reicht ihn weiter, und die unerbittliche Atropos schneidet ihn in der Stunde des Schicksals wieder ab.

Ein neues Liebesglück fand Zeus bei der jungen Titanin Mnemosyne, der Tochter des Uranos und der Gaia. Ihr Name bedeutet auf griechisch ‚Erinnerung'. In einer Landschaft Thrakiens, im anmutigen Pierien, beschlief der Gott das Mädchen neun Tage und Nächte lang. Im folgenden Jahr kam sie mit neun Töchtern nieder, den Musen. Als himmlische Sängerinnen erfreuen diese ihrem Vater Zeus und allen anderen Göttern das Herz. Die Musen sind der Inbegriff aller Gedanken und zugleich Sinnbilder dafür, daß bei Menschen und Göttern Dichtung und Musik den Vorrang vor allem anderen haben sollen.

Oben, Rhamnus (Attika). Die Überreste des Heiligtums mit dem Tempel der Rachegöttin Nemesis und dem Tempel für Themis, Göttin der Gerechtigkeit. Unten, Leda und Zeus in der Gestalt eines Schwans: nach der sagenhaften Liebesbeziehung mit dem göttlichen Vogel legt Leda ein Ei ab, aus dem Vierlinge geboren werden, unter anderem die schöne Helena, deren Entführung später den Trojanischen Krieg auslöst. Marmorrelief (2. Jh. n. Chr.). Athen, Archäologisches Nationalmuseum.

Kalliope steht für die epische Heldendichtung, Klio für die Geschichtsschreibung und Polyhymnia für die mimische Darstellung, Euterpe regiert das Flötenspiel, Terpsichore den Tanz und die anmutige Poesie, Erato leitet die Chorlyrik, Melpomene das tragische und Thalia das komische Spiel, Urania schließlich waltet über die Sternkunde.

Einst verliebte sich Zeus in die Titanin Eurynome, die oben wie eine Frau aussieht, deren Unterleib aber in einen Fischschwanz ausläuft. Gott und Titanin bekamen drei Töchter, die Chariten oder Grazien. Ursprünglich sah man sie als Spenderinnen der Vegetation an, erkannte sie dann aber als Sinnbilder der Anmut. Sie wohnen auf dem Olymp in Gesellschaft der Musen, mit denen sie in lieblichem Chor singen. Gern stellte man sie als Mädchen in reizender Nacktheit nebeneinander dar, wie sie sich an die Schultern fassen. Unter dem direkten Einfluß der Chariten stehen die Schöpfungen des Geistes und der bildenden Kunst.

Um sich seinen göttlichen Gespielinnen zu nähern, vertraute Zeus auf seine hinreißende Überredungsgabe und seine vollendete Verführungskunst und legte dabei manches von seiner machtvollen Würde ab. Er war den Reizen der sterblichen Weiber nicht abgeneigt und griff zu vielerlei Trug und Verkleidung, um auch auf diesem Felde erfolgreich zu sein.

Mit Semele aus dem Stamm des Deukalion zeugte der Göttervater den Weingott Dionysos, von dessen Geburt und dem grausamen Tod der Mutter noch die Rede sein wird. Demselben Geschlecht entstammte auch Leda, die anmutige Gemahlin des Spartanerkönigs Tyndareos. Um sie zu erobern, verwandelte er sich in einen schneeweißen Schwan. Nach der Verbindung mit dem göttlichen Vogel brachte Leda ein riesiges Ei zur Welt, aus dem bald vier Kinder hervorkrochen: Klytämnestra, die künftige Frau des Agamemnon und Mutter von Orest und Elektra, Helena, die den Menelaos heiraten und später den Anlaß für den trojanischen Krieg geben sollte, sowie die beiden Dioskuren Kastor und Pollux.

Seit ältesten Zeiten erzählte man sich diese Geschichte aber auch ganz anders. In Wahrheit sei nämlich Zeus' liebender Blick auf Nemesis gefallen. Als Göttin war diese die Stifterin der himmlischen Rache. Um den Nachstellungen des Liebhabers zu entkommen, verwandelte sie sich in vielerlei Tiere, zuletzt in eine Gans. Sogleich war Zeus in Gestalt des schönen Schwanes zur Stelle und verführte sie.

Nemesis ließ das Ei als Frucht der ungewollten Liebe im Stich. Hirten fanden es und brachten es zu Leda, welche es eifersüchtig hütete, bis die vier Kinder ausschlüpften. Die vier Neugeborenen gab sie dann als ihre eigenen Sprößlinge aus. Wenn wir dieser Version folgen wollen, erklärt sich uns mancher Zug des Mythos in anderem Licht. Man könnte aber auch vermuten, daß die Göttin Nemesis und die sterbliche Leda eigentlich nur verschiedene Namen für dieselbe Figur sind. Der Name Leda ist nicht griechischen Ursprungs, sondern kann von dem uralten lykischen Wort ‚Lada' (‚Frau') abgeleitet werden.

Mit der schönen Danae zeugte der Göttervater den Helden Perseus. Aus seinem edlem Stamme ging Alkmene hervor, die Frau des Tirynthekönigs Amphitryon, welche Zeus dann den mächtigsten aller griechischen Heroen, Herakles, gebar.

Europa war die bildschöne Tochter des Phoinix, eines Königs im reichen Phönizien. Sowohl Sidon als auch Tyros werden als ihre Heimatstadt genannt. Das Mädchen spielte einst mit den Gefährtinnen am Strand, als Zeus sie erblickte. Der liebestolle Gott verwandelte sich in einen schneeweißen Stier mit prächtigen Hörnern, die so ebenmäßig wie die Mondsichel geformt waren. So nahte er sich ihr und schmiegte sich an ihre Füße.

Europa war zunächst furchtsam, aber sie schöpfte Mut und schwang sich schließlich auf seinen Nacken. In diesem Moment stürzte der mächtige Bulle los und rannte zum Meer. Er achtete nicht auf die Schreie des Mädchens, das sich in Angst fest an seine Hörner klammerte.

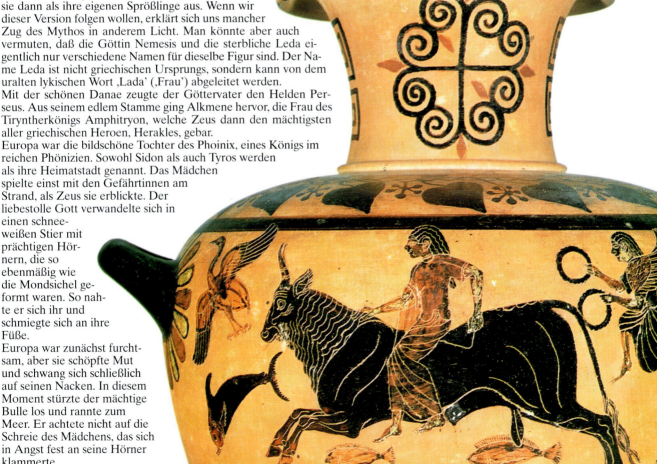

Der in einen Stier verwandelte Zeus entführt die junge Tochter des Königs Phoinix, Europa, und flieht mit ihr auf das andere Ufer des Meeres. Der Mythos verbreitete sich rasch auch in etruskischer Umgebung, wie diese schwarzfigurige Hydria zeigt, die wahrscheinlich um 530 v. Chr. in Cerveteri (dem antiken Agylla) hergestellt wurde.
Rom, Museo Nazionale Etrusco di Villa Giulia.

So schwamm der zum Stier verwandelte Zeus mit seiner süßen Last bis nach Kreta, wo Europa sich ihm unter einer großen Platane hingab. Frucht dieser Liebe waren drei Söhne, die Unterweltsrichter Minos, Sarpedon und Rhadamanthys. Nur die Platane war der stumme Zeuge ihrer Leidenschaft. Ihr wurde die ehrenvolle Gabe zuteil, daß sie nie mehr die Blätter abwerfen mußte.

In seinem Liebeseifer verschmähte der feurige Zeus auch Knaben nicht, wie die Episode mit Ganymed zeigt. Dieser Prinz aus dem trojanischen Königshaus galt als der anmutigste unter den Sterblichen. Er weidete einst als Halbwüchsiger die Herden seines Vaters auf den Hügeln um den Burgberg von Ilion. Da nahte sich Zeus mit den Liebesgaben, die ein griechischer Liebhaber dem angebeteten Jüngling zu schenken pflegte, einem Kampfhahn und einem Spielreif. Er entführte Ganymed und brachte ihn im Fluge zum Olymp, wo der Knabe nun die Gabe der ewigen Jugend genießt und dem Götterkönig als Mundschenk dient.

Vorausgehende Seite: Ganymed, der junge trojanische Prinz, der als der Schönste unter den Sterblichen gilt, kann den Liebesgaben in Form eines Kampfhahns und eines Spielreifs nicht widerstehen und läßt sich von Zeus entführen. Detail eines rotfigurigen attischen Glockenkraters, den der sog. Berliner Maler um 500 v. Chr. schuf.
Paris, Louvre: Inv.-Nr. G.175.

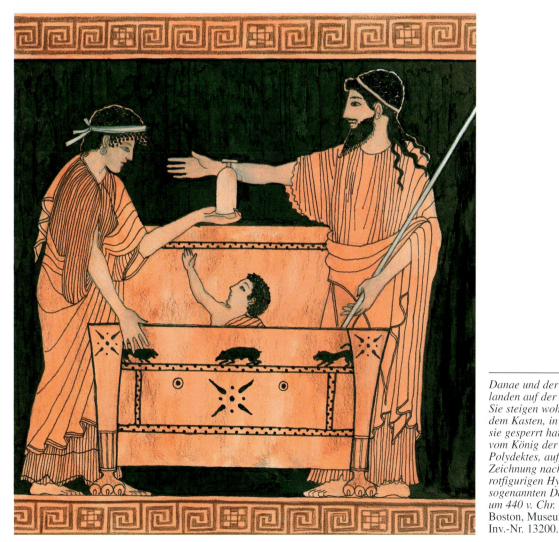

Danae und der kleine Perseus landen auf der Insel Seriphos. Sie steigen wohlbehalten aus dem Kasten, in den Akrisios sie gesperrt hatte, und werden vom König der Insel, Polydektes, aufgenommen. Zeichnung nach einer rotfigurigen Hydria des sogenannten Danae-Malers, um 440 v. Chr.
Boston, Museum of Fine Arts: Inv.-Nr. 13200.

DIE GÖTTERMUTTER HERA

Die erhabenste unter den Göttinnen des Olymps ist Hera, die Tochter des Kronos und der Rhea, die geschwisterliche Gattin des Zeus. Als rechtmäßige Ehefrau des Götterkönigs ist sie nicht nur vornehmste Schutzherrin alles Weiblichen, sondern im Besonderen die Hüterin der Bräute und Wächterin über die Ehe. Trotzdem erzählte man sich, daß das Liebesverhältnis von Zeus und Hera schon lange vor ihrer Eheschließung begann, als die beiden sich heimlich trafen, um schon vor der Hochzeitszeremonie die Früchte der Liebe zu kosten.

Die galanten Abenteuer ihres Gatten versetzten Hera immer wieder in eifersüchtige Wut. Mit ihrer Rache verfolgte und plagte sie nicht nur die Rivalinnen selbst, sondern auch deren Kinder. So legte sie zum Beispiel dem Herakles ungeheure Leiden auf, um ihren Zorn zu stillen. Sie hatte die Idee, ihm die zwölf übermenschlichen Taten als Aufgabe zu stellen. Vom tragischen Schicksal der Semele und dem grausamen Gebot gegen Leto wollen wir hier gar nicht sprechen. Die Mißhelligkeiten mit Zeus nahmen nicht nur bei dessen ständigen Seitensprüngen ihren Anfang. Dies zeigt der Streit, der den Seher Teiresias das Augenlicht kostete. In der Frage, ob beim Liebesspiel der Mann oder die Frau mehr Lust empfindet, wurde Teiresias als Schiedsrichter bestellt. Ihm hatte Zeus einmal die Freiheit verliehen, beide Erfahrungen zu machen. Seine Antwort gab dem Göttervater recht: «Wenn man sich die Wollust in zehn Abschnitte geteilt vorstellt, dann erhält der Mann davon einen, die Frau aber neun.» Hera war erzürnt, daß man ihr widersprach, und blendete den Teiresias. Zeus aber linderte seine Pein und verlieh ihm die Gabe der Weissagung.

ATHENA UND DIE MACHT DER WEISHEIT

Athena ist als erwachsene Frau und in voller Rüstung aus dem Haupte des Zeus entsprungen, der ihr sogleich die Ägis als Schutzwaffe verlieh. Sie liebt die Kriegskunst, welche aber auch unter dem Schutz ihres Bruders Ares steht, mehr noch aber ist sie die Stifterin der Weisheit.

Im Kampf der Götter gegen die Giganten spielte sie eine wichtige Rolle. So besiegte sie den riesigen Enkelados, indem sie die Insel Sizilien auf ihn wälzte. Auch im trojanischen Krieg mischte sie kräftig mit und griff auf Seiten mehrerer Helden direkt ein, so für Achilleus und Odysseus. Mit Scharfsinn und Klugheit zeigte sie dem Perseus die Zaubermittel für den Kampf gegen die Gorgonen und riet ihm, wie er der Medusa das Haupt abschlagen könnte. Als zuverlässige Beschützerin des Helden Herakles half sie ihrem Liebling bei allen seinen Abenteuern.

Einst stritten Poseidon und Athena um den Besitz des attischen Landes. Richter in diesem Streit war die Versammlung aller Götter. Wer der Stadt das imponierendste Geschenk machte, sollte gewinnen und dort Namenspatron werden. Poseidon bohrte seinen Dreizack in den Felsen der Akropolis und ließ so eine Salzquelle auf der Burg entspringen. Athena dagegen trat mit dem Fuß auf die Erde, wo sogleich der erste Ölbaum aufwuchs. Der Sieg fiel der Göttin zu, da sie die nützlichere Gabe beschert hatte und Athen nahm ihren Namen an. Der Ölbaum galt fortan als heilig, und seine Zweige als Zeichen des Friedens und Wohlstandes.

Oben: Ansicht von Argos; in der Nähe der Stadt lag ein berühmtes, der Göttin Hera geweihtes Heiligtum (Heraion). Unten Athena, die Göttin der Weisheit. Bronzestatue (um 375 v. Chr.) aus dem Athener Hafen Piräus. Piräus, Archäologisches Museum.

Athena, in einer Hand Viktoria und in der anderen den Schild, hinter dem sich Erichthonios verbirgt. Die von Hephaistos bestürmte Athena hatte die heftigen Liebesbezeigungen des Gottes zurückgewiesen; bei dem Kampf beschmutzt Hephaistos die Göttin mit seinem Samen; Athena reinigt sich sofort mit einem Tuch, und aus dem zu Boden geschleuderten Samen wird der Schlangensohn Erichthonios gezeugt. "Athena Varvakion" (2. Jh. n. Chr.); Kopie der Athena Parthenos, die der Bildhauer Phidias etwa in der Zeit zwischen 440 und 430 v. Chr. für den Parthenon schuf. Athen, Archäologisches Nationalmuseum: Inv.-Nr. 129.

Die berühmteste Götterhochzeit des klassischen Altertums zwischen Zeus und Hera, dem Götterpaar, das den griechischen Pantheon beherrschen sollte; der Göttervater wird von Viktoria gekrönt, während Merkur der Szene beiwohnt, flugbereit, um die Befehle des Zeus auszuteilen. Zeichnung nach einer rotfigurigen Hydria, um 440 v. Chr. Museum in Leiden.

DER SCHMIEDEKÜNSTLER HEPHAISTOS

Hephaistos ist der von Hera allein und ohne Befruchtung durch einen Mann geborene Gott des Feuers. Auch ist er der Meister in allen Künsten der Metallbaerbeitung. Da er mit einem Hinkefuß geboren war, verachtete ihn die Mutter und warf ihn aus dem Olymp. Sein Sturz dauerte einen ganzen Tag, bis er schließlich auf der Insel Lemnos landete. Hier richtete er zu Füßen eines Vulkans seine Schmiedewerkstatt ein.

Um sich für die Beleidigung zu rächen, fertigte er als Geschenk für seine Mutter einen Zauberthron. Kaum, daß Hera sich daraufgesetzt hatte, konnte sie nicht wieder aufstehen. Umsonst versuchten die Götter, Hephaistos zur Rückkehr in den Kreis der Götter zu überreden und Hera zu befreien.

Allein seinem Bruder Dionysos gelang es, den Schmiedegott in den Olymp zurückzuführen. Er machte ihn mit Wein betrunken, setzte ihn auf ein Maultier und dirigierte ihn so auf den Götterberg. Mutter und Sohn sahen ihr Unrecht ein und versöhnten sich. Als Entschädigung für seine Demütigung erhielt der häßliche Hephaistos die holde Liebesgöttin Aphrodite zur Frau. Für sein entschlossenes und erfolgreiches Handeln wurde Dionysos fortan ein Platz im Götterhimmel zugesprochen.

DER MEERESBEHERRSCHER POSEIDON

Poseidon ist einer der großen olympischen Götter und zusammen mit Zeus und Hera auch einer der ältesten. Er beherrscht das Meer, das er mit einem Schwung seines Dreizacks nach Laune aufwühlt und schäumen läßt. Damit vermag er, auch das feste Land zu erschüttern und schreckliche Erdbeben zu entfesseln. Man stellt sich ihn gern vor, wie er auf seinem von Delphinen oder seltsamen Meeresungeheuern gezogenen Wagen über die Wellen fährt. Er durchpflügt die Wogen in so schnellem Lauf, daß er sie berührt, aber nicht von ihnen benetzt wird. Die Schar seiner Kinder ist zahlreich. Anders als Zeus, dessen Nachkommen wohltätige Wesen sind, zeugte der Meeresgott auch schreckliche Untiere. Aus der Vereinigung mit der grausamen Gorgo Medusa gingen der Krieger Chrysaor und das Flügelpferd Pegasos hervor. Die Nymphe Thoosa gebahr Poseidon den einäugigen Kyklopen Polyphem, welchen Odysseus später blendete.

Poseidon. In ausgewogener Körperhaltung und mit ausgebreiteten Armen schleudert der Meeresgott den Dreizack (der leider abhanden gekommen ist). "Poseidon vom Kap Artemision" genannte Bronzestatue, die vor der Insel Euböa gefunden wurde und dem Bildhauer Kalamis (um 460 v. Chr.) zugeschrieben wird. Athen, Archäologisches Nationalmuseum: Inv.-Nr. 15161.

DEMETER UND DIE FRUCHTBARKEIT DER ERDE

Anders als Urmutter Gaia, die für die Erde als ein Teil des Kosmos steht, ist Demeter die Göttin der beackerten Erde und aller Früchte, welche diese hervorbringt. Besonders dem Getreide gilt ihr Augenmerk. Diesen Gedanken drückt auch die Geschichte aus, die man sich über sie und Persephone erzählt, ihre Tochter aus dem Samen des Zeus.
Persephone wuchs sorgenfrei im Kreise ihrer Schwestern Athena und Artemis auf. Eines Tages wurde sie von ihrem Onkel Hades erblickt, dem Herrscher der dunklen Unterwelt, der sogleich von ihr entzückt war. Aber Demeter wollte ihm nicht die Hand des Mädchens geben, denn ein Leben im Reich der Schatten sollte ihr erspart bleiben.

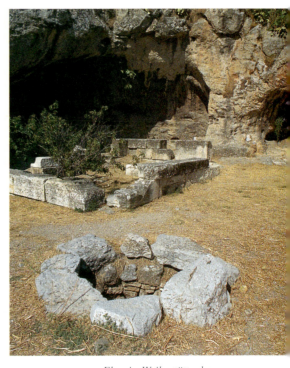

Eleusis, Weihestätte der Demeter und Persephone: Teilansicht der Hades-Grotte, auch Plutonion genannt, wo man den Eingang zur Unterwelt vermutete. Durch diese Öffnung soll der Gott die junge Persphone geraubt und als seine Gemahlin in die Unterwelt geführt haben.

Eleusis, Teilansicht des Grabungsgeländes im Heiligtum der Demeter und Persephone, das an der Stelle entstanden ist, wo Demeter, verzweifelt und völlig erschöpft auf der langen Suche nach der von Hades geraubten Tochter, sich hinsetzt, um ein wenig auszuruhen.

Daher entführte der Unterweltsgott die liebliche Jungfrau, als sie mit ihren Gefährtinnen in der Nähe des Einganges zum Orkus auf einer Wiese Blumen pflückte. Manche meinen, daß diese Pforte zum Schattenreich in der Ebene von Eleusis in Attika liegt, andere berichten, sie liege am Pergusasee bei Henna in Sizilien.

Demeter war verzweifelt über das plötzliche und geheimnisvolle Verschwinden ihrer Tochter. Den Entführer konnte ihr niemand nennen, denn er hatte sein Haupt in nächtliches Dunkel gehüllt. Die Mutter wollte nun nicht mehr in den Olymp zurückkehren und irrte auf der Suche nach ihrem Kind neun Tage und Nächte lang über die ganze bewohnte Erde. In der Dunkelheit erleuchtete sie ihren Weg mit zwei Fackeln. Sie aß keinen Bissen und trank keinen Schluck, sie wusch sich nicht und machte sich nicht mehr schön.

Auf dieser langen Wanderschaft kam die Göttin in Gestalt einer alten Frau nach Eleusis. Dort ruhte sie sich auf einem großen Stein aus, der in Erinnerung ihres Schmerzes von den folgenden Geschlechtern ‚der freudlose Felsen' genannt wurde. Demeter begab sich zum König von Eleusis, Keleos, an dessen Hofe sie ein wenig Rast fand. Eine alte Dienerin namens Iambe entlockte ihr sogar mit Späßen ein Lachen. Als Dank für die freundliche und gastfreie Aufnahme wurde Triptolemos, der jüngste Sohn des Hauses, in die Geheimnisse des Getreideanbaus eingeweiht. Er bekam von Demeter den Auftrag, die Kenntnisse der Feldbestellung in aller Welt zu verbreiten. In Eleusis stand nicht von ungefähr das wichtigste Heiligtum für Demeter und Persephone, welches sich um den ‚freudlosen Felsen' herum entwickelte. Berühmt waren die Fruchtbarkeitsmysterien, die nur den Eingeweihten enthüllt werden durften.

Schließlich verriet der Sonnengott Helios, der alles sieht, den Namen des Entführers. Demeters freiwillige Verbannung hatte die Erde unfruchtbar gemacht, die jetzt keine Gaben mehr hervorbrachte. Die ganze Weltordnung drohte, durcheinander zu kommen. Endlich erhörte Zeus das Bitten der verzweifelten Mutter. Er befahl seinem Bruder Hades, die Braut freizugeben und zur Mutter zurückzubringen. Aber das war nicht mehr möglich. Persephone hatte in der Unterwelt schon von einem Granatapfel genascht, und wer im Reich der Schatten irgendetwas zu sich genommen hat, darf nicht mehr ans Sonnenlicht zurück. Auch die Götter stehen unter diesem Gesetz. Zeus mußte sich daher mit seinem Bruder auf halbem Wege einigen und fällte die Entscheidung, daß Persephone einen Teil des Jahres bei Hades in der Tiefe weilen mußte und einen anderen Teil bei ihrer Mutter auf Erden. Demeter konnte nun wieder ihren Platz im Olymp einnehmen und die natürliche Ordnung der Dinge war wiederhergestellt.

So entflieht Persephone jedes Frühjahr aus dem unterirdischen Schattenreich, und mit ihr zugleich kommen auch die Pflanzen und Blüten aus der Erde hervor. Zur Zeit der Aussaat aber muß sie wieder in die Unterwelt, wie ja auch die Feldfrüchte nun den Weg ins dunkle Erdreich antreten. Während ihres winterlichen Aufenthaltes bei den Unterirdischen aber läßt Mutter Demeter die Erde unfruchtbar bleiben. Mit dieser Erzählung erklärten die Alten den Wechsel der Jahreszeiten: Solange Persephone bei ihrem jenseitigen Gatten weilt, ist auf der Erde die karge Winterszeit, erst mit ihrer Rückkunft in die Welt der Lebenden bricht der schöne Frühling an.

DER GÖTTERBOTE HERMES

Hermes ist der Gott der Hirten, und man stellt ihn oft mit einem Lamm auf den Schultern dar. Er ist aber auch der Gott der List und Verschlagenheit und deshalb der Patron des Handels und Diebstahls. Vor allem aber wird er von Zeus mit Botschaften an Götter und Menschen in alle Welt geschickt.

In einer Grotte am Berg Kyllene in Arkadien wurde er von der Nymphe Maia geboren. Das Mädchen hatte ihn von Zeus in tiefer Mitternacht empfangen, als Menschen und Götter schliefen. Da er am vierten Tage des Monats zur Welt kam, war ihm jeder vierte Monatstag heilig.

Nach seiner Geburt wurde Hermes, wie es bei den Alten üblich war, fest in Windeln geschnürt in eine Wiege gelegt. Aber der göttliche Knabe ließ sogleich seine früh erblühten Kräfte spielen. Er befreite sich von den lästigen Binden, sprang aus der Wiege und lief fort bis in das weit entfernte Thessalien. Dort hütete sein Bruder Apollon die Rinderherden. Hermes stahl ihm einige der prächtigsten Tiere, band ihnen Laubzweige an die Schwänze und trieb sie durch ganz Griechenland, bis er sie in einer Höhle in der Nähe der Stadt Pylos versteckte. Dann kehrte er in die heimatliche Grotte am Kyllene zurück. Bevor er sich wieder in seine Windeln

Hermes mit dem Dionysosknaben auf dem Arm. Im Hera-Tempel in Olympia gefundene Marmorstatue, vermutlich ein Originalwerk des großen Athener Bildhauers Praxiteles, das um 340 v. Chr. entstanden ist.
Olympia, Archäologisches Museum.

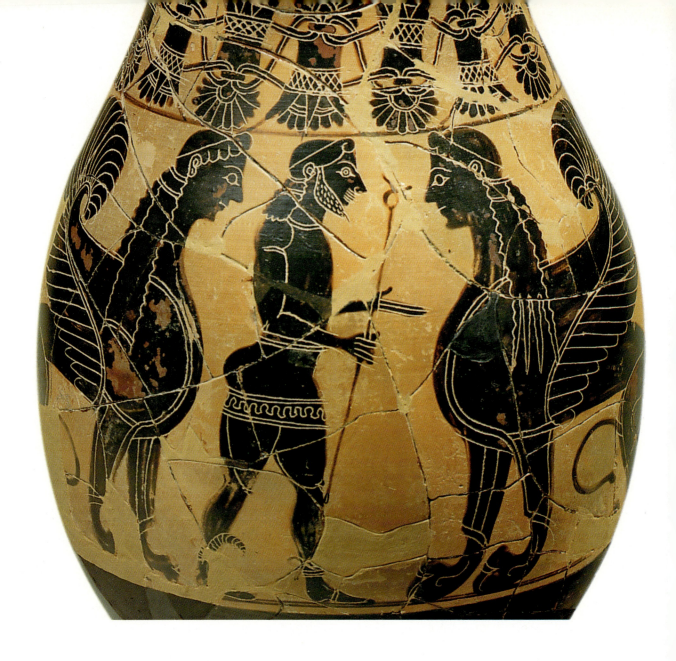

Der Götterbote Hermes hat auch die Aufgabe, die Seelen der Verstorbenen ins Jenseits zu begleiten, an dessen Schwelle zwei kämpferische Sphingen jeden Kontakt mit der Welt der Lebenden verhindern. Schwarzfigurige attische Oinochoe (um 560 v. Chr.). Athen, Archäologisches Nationalmuseum: Inv.-Nr. 19159.

wickelte, fiel sein Blick auf eine Schildkröte. Er tötete das Tier, leerte den Panzer und zog einige Darmsaiten auf das neu erfundene Instrument: Die erste Leier war erschaffen.

Obwohl keiner die Spuren der geraubten Rinder verfolgen konnte, die ja durch die Zweige verwischt waren, hatte Apollon schon Verdacht geschöpft und beschwerte sich bei Maia. Als diese nach ihrem Sprößling schaute und ihn mit den Windeln am Leib in der Wiege fand, wollte sie den Anschuldigungen keinen Glauben schenken. Aber Zeus griff ein und forderte die Rückgabe des Diebesgutes.

Apollon hatte jedoch den Klang der von Hermes neu erfundenen Leier vernommen und war davon bezaubert. Er einigte sich gütlich mit seinem Bruder. Sie tauschten untereinander die Tiere gegen das Instrument, welches Apollon meisterhaft zu spielen lernte.

Als Hermes einmal seine Rinder hütete, schnitzte er sich die Syrinx, eine aus mehreren Pfeifen verschiedener Größe bestehende Flöte. Apollon bot ihm hierfür zum Tausch einen goldenen Zauberstecken an, das sogenannte Kerykeion, welches am oberen Ende das Zeichen der verknoteten Schlangen trägt. Diesen Stab führt Hermes seitdem in seiner Eigenschaft als Bote der Götter mit sich. Die Botschafter im alten Griechenland haben ihm dies Zeichen nachgemacht.

APHRODITE, DIE GÖTTIN DER SCHÖNHEIT UND DER LIEBE

Aphrodite soll die Tochter des Zeus und der Dione sein. Andere behaupten, sie stamme von Uranos ab, denn sie sei aus den Schamteilen des Himmelsgottes entstanden, welche Kronos bei der Verstümmelung des Vaters ins Meer warf. So sei sie aus dem Schaum der Wogen geboren worden.

Als schönste der Göttinnen wurde Aphrodite mit dem hinkenden und häßlichen Schmiedegott Hephaistos verheiratet, ihre Liebe gehörte aber dem Kriegsgott Ares. Diese aufsehenerregende Affäre trieb den Gatten zu rasender Eifersucht. Daher wob er ein Zaubernetz, in dessen feines Gespinst sich jeder verstricken mußte. So fing er die Gattin und ihren Liebhaber, als sie gemeinsam das Ehebett entehrten. Anschließend gab er sie dem Gelächter der versammelten Götter preis. Manch ein Unsterblicher mag dabei insgeheim eher den gehörnten Ehemann verspottet, den Kriegsgott dagegen beneidet haben. Aus dem Verhältnis zwischen Aphrodite und Ares gingen mehrere Kinder hervor, so Eros und Anteros (die griechischen Begriffe für ‚Lieben' und ‚Geliebt werden'), Phobos und Deimos ("Furcht" und "Schrecken"), die sterbliche Harmonia sowie zuletzt Priapos, der Gott der Gärten.

Im trojanischen Krieg spielte Aphrodite eine wichtige Rolle. Wenn man so will, war es die Schönheit der Göttin selbst, die den Keim des Zwistes legte. Aphrodite verführte den Prinzen Paris nämlich dazu, sich die Gattin des Königs Menelaos zur Braut zu nehmen. Sie war die zuverlässige Schutzherrin der Burg Ilion, hatte sie sich doch einst sogar mit dem Trojaner Anchises eingelassen und ihm den Helden Äneas geboren. Als sie den Untergang der Stadt nicht verhindern konnte, rettete sie die Familie von Anchises und Äneas aus den Flammen.

Die soeben dem Wasser entstiegene Göttin Aphrodite bedeckt schamhaft ihren schönen Körper. Römische Marmorkopie nach einem Original des 1. Jh. v. Chr. Athen, Archäologisches Nationalmuseum.

Die Göttin der Schönheit wird in einer Muschel geboren, die aus dem weißen Schaum der Meereswellen auftaucht. Votivstatuette aus Terrakotta des 4. Jh. v. Chr. Athen, Archäologisches Nationalmuseum.

DER KRIEGSGOTT ARES

Ares, der Sohn des Zeus und der Hera, stellt in jeder Hinsicht die reinste Verkörperung kriegerischen Wesens dar. Der Gott wirkt nicht nur für den heroischen Kampfesruhm, sondern waltet auch in den niederen Erscheinungen des mörderischen Kriegshandwerkes. So berichten uns die alten Dichter oft von seiner Lust an blutigen Schlachten. Im trojanischen Kriege kämpfte er je nach Laune abwechselnd auf Seiten der Achäer oder der Trojaner. Viele seiner Taten vollbrachte er in Thrakien und anderen barbarischen Gefilden nördlich von Griechenland, wo etwa die Amazonen beheimatet waren, die Töchter des Ares.

Obwohl er die Verkörperung des Kampfes schlechthin ist, bleibt er doch selten auf Dauer Sieger. Oft muß er beschämt aus einem Streit zurückweichen, wie beim Zwist der Götter vor dem Mauern von Troja oder beim Kampf, den er dort auf Seiten von Hektor gegen Diomedes focht. Beide Male zog er sich grollend auf den Olymp zurück, da ihn Athena direkt oder indirekt in Schwierigkeiten brachte. Seiner brutalen Wut stellt der Mythos die brillante Kampfeslist des Herakles gegenüber, wie etwa bei der Fehde zwischen dem Helden und dem Aressohn Kyknos.

Der Kampf der Götter gegen die Giganten. Die beiden Götterzwillinge Apollon und Artemis kämpfen gegen Kantharos, Ephialtes und Hypertes. Detail aus dem Nordfries des Schatzhauses der Siphnier, das die Bewohner der Insel Siphnos um 525 v. Chr. im großen Apollonheiligtum in Delphi zur Aufbewahrung von Weihgaben errichteten. Delphi, Archäologisches Museum.

APOLLON, DER GOTT DES LICHTES UND DER REINHEIT

Apollon ist der strahlende Gott des segenspendenden Lichtes. Wie das Tagesgestirn aus den dunklen Mächten der Nacht hervorgeht, so ist der Gott selbst aus dem Schoße seiner Mutter Leto gekommen, in deren Namen ein nächtlich-verhülltes Dasein anklingt. Sie wird nämlich auch Latona genannt, das heißt ‚die Verborgene'.

Apollon erklärt mit erhobenem Arm den Sieg der Lapithen gegen die Kentauren. Detail des Westgiebels am Zeustempel in Olympia, um 460 v. Chr. Olympia, Archäologisches Museum.

Apollon fliegt auf einem Schwan, einem ihm heiligen Tier, in das Land der Hyperboreer. Fragment eines rotfigurigen Tellers, den der große Athener Vasenmaler Euphronios um 510 v. Chr. als Weihgeschenk für die Akropolis in Athen schuf. Athen, Archäologisches Nationalmuseum: Inv.-Nr. 19274.

Der Gott wird auch als ‚Targelios' verehrt, als nährende Wärme, welche die Feldfrüchte reifen läßt. Nach ihm bezeichneten die Alten den Monat Mai als Targelion. Unter den Namen Smintheus (von ‚sminthos', die Maus) und Parnopios (von ‚parnops', die Heuschrecke) beteten sie ihn als Vertilger des Ungeziefers an, der schreckliche Plagen verhindern kann.

Sein heiliges Tier ist der Schwan, denn als seine Mutter Leto ihn auf Delos zur Welt brachte, umkreiste ein Schwarm dieser großen Vögel siebenmal die Insel. Auch der Wolf ist ein Tier des Apollon. Der Gott verjagt oft in der Winterzeit diese gefährlichen Bestien, weshalb die Menschen ihm als Lykaios (von ‚lykos', der Wolf) Dank- und Bittopfer brachten. Außerdem ist er der Patron der Delphine, welche er so liebte, daß er oft deren Gestalt annimmt, um munter auf den Wogen zu reiten oder Schiffbrüchigen zur Hilfe zu eilen.

Zugleich ist Apollon auch der Stifter der schönen Künste, der Musik und der Poesie. Er führt daher den Reigen der Musen an. Man erkennt den Gott an dem Lorbeerkranz, den er um das Haupt geschlungen hat, oft auch an seinem Instrument, der Kithara. Aber der Sonnengott vermag mit seinen gleißenden Strahlen auch verderbenbringend zu treffen, was Pfeil und Bogen in seiner Hand besagen sollen.

Als prophetischer Gott läßt Apollon den Menschen durch den Mund der Wahrsager und Preisterinnen Prophezeiungen zukommen. Sein wichtigster Orakelort war das Heiligtum von Delphi in der Landschaft Phokis. Dort stiegen im Altertum angeblich magische Dämpfe aus einer Erdspalte auf. Wer sie einatmete, fiel in Trance, so daß er in seiner Verzückung geheimnisvolle Wahrsagesprüche ausstieß.

Die Orakelstelle gehörte einst der Themis, der Göttin des Rechts, welche dem Drachen Python die Bewachung aufgetragen hatte. Der Lindwurm verheerte jedoch immer wieder die umliegenden Gegenden. Er trübte Quellen und Bäche und verwüstete die Ernte, mordete Bauern und plünderte Dörfer. Apollon tötete das Untier mit seinem Pfeil und nahm die heilige Erdspalte als Schutzherr in seinen eigenen Besitz. Fortan legten ihm die Menschen den Ehrennamen ‚Pythios' zu. Er stiftete einen bronzenen Dreifußkessel für das Heiligtum. Mit diesem Attribut ist er häufig dargestellt, wenn er als Orakelgott erscheint.

Apollon verlieh das Amt des Wahrsagens an eine Priesterin, welche Pythia genannt wurde. Diese saß auf dem hohen Dreifuß, inhalierte die Dämpfe und kaute dazu Lorbeerblätter. Auf Fragen gab sie in ihrer Verzückung immer mehrere Antworten, welche alle rätselhaft klangen und deshalb von einer Gilde priesterlicher Orakeldeuter ausgewählt und erklärt werden mußten.

Apollons Ansehen bei den Sterblichen beruht also einerseits auf seinen Wohltaten und den sittlichen Werten, für die er einsteht. Auf der anderen Seite ist der Gott auch durch seine vollkommene leibliche Schönheit eine der beliebtesten Figuren des griechischen Götterhimmels. Man stellt ihn groß gewachsen und mit vollem, prächtigem Haar dar. Niemand wird sich daher wundern, daß auch über ihn viele amouröse Geschichten im Umlauf sind und daß Göttinnen wie sterbliche Frauen seinem Zauber erlagen.

Besonders die Nymphen sind Apollons Leidenschaft. So gebar ihm Kyrene den Halbgott Aristaios, welcher den Menschen beibrachte, Käse zu bereiten, aber auch die Imkerei, so daß sie nun süßen Honig hatten, und ebenso die Jagd mit Netz und Fallen. Manche schreiben diesem Halbgott auch die Kunst des Weinbaues zu.

Als der kleine Eros seine ersten Versuche im Pfeilschießen machte, stellte er sich zunächst sehr tollpatschig an. Der bogenkundige Apollon beobachtete den Knaben und lachte ihn herzlich aus. Dann stimmte er ein scherzhaftes Spottlied an.

Eros sann nun auf Rache. Er entflammte Apollons Herz für die spröde Nymphe Daphne, eine Tochter des Flußgottes Peneios in Thessalien. Das Mädchen fürchtete sich vor den Umarmungen und Liebkosungen des Gottes und rannte fort in die Berge. Er verfolgte sie und hatte sie gerade erreicht, als Daphne zu ihrem Vater um Rettung flehte. Peneios erbarmte sich und verzauberte sie in einen Lorbeerbaum. Dieses Gewächs wurde die heilige Pflanze Apollons und trug fortan den Namen des Mädchens, denn im Griechischen heißt der Lorbeer ‚Daphne'.

Unter Apollons Liebesverhältnissen mit sterblichen Frauen hat besonders die Episode des mit Hekabe Berühmtheit erlangt, der Gemahlin des Trojanerkönigs Priamos. Frucht dieser Liebe war Troilos, der jüngste Sproß des Herrscherhauses von Ilion. Apollon verliebte sich später auch in eine Schwester des Troilos, die Prinzessin Kassandra. Koronis, die Königstochter aus dem Land der Lapithen, machte ihn schließlich zum Vater des Heilgottes Asklepios.

Auch schöne Knaben verschmähte der Gott nicht, wie wir an den Erzählungen von Hyakinthos und Kyparissos sehen können. Das Schicksal der beiden Jünglinge zeigt den engen Umgang Apolls mit den Mächten der Natur, denn sie wurden nach ihrem Tode in Pflanzen verwandelt.

Hyakinthos war von edler Abkunft, denn er stammte aus dem spartanischen Königshause. Seine Leibespracht entzündete im Herzen des Gottes die Flamme der Liebe. Eines Tages spielten die beiden gemeinsam mit einem Diskus, den sie einander zuwarfen. Das sah der Windgott Zephyr, der selbst gern die Gunst des Knaben errungen hätte. Seine Zuneigung schlug vor Eifersucht in Haß um, und mit einem Windstoß pustete er die Sportscheibe im Flug gegen den Kopf des Jünglings, daß er auf der Stelle tot zusammenbrach. Apollon war zu Tode betrübt und ließ aus den Blutstropfen von der Stirn des Freundes eine Blume hervorwachsen, die er Hyazinthe nannte. Das blutige Aussehen hat diese Pflanze noch bewahrt.

Auch den anmutigen Kyparissos, einen Nachkommen des Herakles, betete Apollon an. Der Gott verehrte ihm als Liebesgeschenk einen seiner heiligen Hirsche und das zahme Tier wurde der ständige Gefährte des Knaben. Aber eines Tages, als es im Schatten der Büsche schlief, traf der jagende Kyparissos ihn versehentlich mit einem Wurfspeer tödlich. In seiner Verzweiflung wollte er nicht mehr leben und bat Apollon flehentlich, seinen Kummer unvergänglich zu machen. Der Gott verwandelte ihn daraufhin in den Zypressenbaum, der bis heute ein Symbol würdiger Trauer geblieben ist. Die Tränen sind in Form der Harztropfen am Baumstamm von bleibender Natur.

Apollon im Kampf mit Herakles um den Besitz des für das Orakel benutzten heiligen Dreifußes im Heiligtum des Gottes in Delphi. Rotfigurige Amphora des Athener Vasenmalers Phintias, um 510 v. Chr. Tarquinia, Archäologisches Nationalmuseum.

DIE JUNGFRÄULICHE JAGDGÖTTIN ARTEMIS

Kaum war Artemis auf die Welt gekommen, da war das göttliche Mädchen schon bereit, ihrer kreißenden Mutter Leto beizustehen und bei der Geburt ihres Zwillingsbruders Apollon zu helfen. Sie wählte für sich das Dasein als Jungfrau von ewig blühender Jugend und schweift als Jägerin in den Wäldern. An Bogen und Köcher erkennt man sie. Diese Jagdwaffen sind als Zeichen zu deuten, daß die Göttin das plötzliche und schmerzfreie Sterben verhängt – für die Frauen auch den Tod im Kindbett.

Launisch und reizbar ist die Jagdgöttin. Wenn sie sich beleidigt fühlt, läßt sie ihrer Wut freien Lauf. Als etwa König Oineus von Kalydon einst ein Opfer versäumt hatte, das er ihr schuldete, sandte sie ihm einen riesigen Eber, der die Fluren verwüstete.

Der gewaltige Jäger Orion, ein Sohn des Poseidon, versuchte einst, Artemis die Unschuld zu rauben. Sie übte dafür Vergeltung, indem sie einen Skorpion sandte, der dem Jäger einen tödlichen Stich in die Ferse zufügte. Um diese Rache ewig zu feiern, versetzte sie das bösartige Tier und sein Opfer als Sternbilder an den Himmel, und Nacht für Nacht flieht nun der arme Orion bis in alle Zeiten vor seinem Peiniger.

Ohne es zu wollen, stieß einst Aktaion, der Sohn des Aristaios, bei der Jagd an einer Waldquelle auf die keusche Göttin, als sie gerade ein Bad nahm. Die Genugtuung der Jägerin war grausam: sie hetzte Akations Meute von fünfzig Jagdhunden auf ihren eigenen Herrn. Die Tiere erkannten ihn nicht, da Artemis ihn in einen Hirsch verwandelt hatte, und zerfetzten ihn. Dann begannen die herrenlosen Hunde, im Wald umherzuirren und ihn zu suchen. Sie jaulten herzzerreißend, bis der Kentaur Chiron Mitleid mit ihnen hatte und ihnen zum Ersatz eine Bildnisstatue des Aktaion aufstellte.

Ein ähnliches Schicksal erlitt Kallisto, eine scheue Jägerin im Gefolge der Artemis. Zeus hatte sich ihr in Gestalt der Jagdgöttin selbst genähert, da die keusche Kallisto

Artemis, die Göttin der Jagd und Apollons Zwillingsschwester, wurde aus dem Liebesverhältnis zwischen Zeus und Leto geboren (und war deshalb Hera, der rechtmäßigen Gemahlin des Göttervaters, stets ein Dorn im Auge). Die Bronzestatue (in der linken Hand trug sie vermutlich einen Bogen) wurde in der Nähe des Athener Hafens Piräus gefunden. Griechisches Original, Mitte des 4. Jh. v. Chr. Piräus, Archäologisches Museum.

Aktaion überrascht Artemis beim Bad: ein verhängnisvolles Versehen, das einen grausamen Racheakt der Göttin auslöst. Deckenfresko von Giovanni Francesco Romanelli (1610-1662). Paris, Louvre.

Dionysos, der mächtige Gott des Weines und der Trunkenheit. Kopf einer Marmorstatue aus dem 3. Jh. v. Chr. Das Götterbild stammt aus dem Dionysos-Heiligtum auf der Insel Thasos. Thasos, Archäologisches Museum.

keinen Mann an sich heranlassen wollte. Nun war sie entehrt. Als die Jagdgesellschaft ein gemeinsames Bad an einer Quelle nahm, mußte auch Kallisto sich ausziehen. Jetzt wurde allen offenbar, daß sie schwanger war. Artemis war erzürnt über den Verrat und verwandelte das Mädchen in eine Bärin, auf die nun die Hatz eröffnet wurde. Sie endete mit Kallistos Tod durch die eigenen Pfeile.
Der Kindsvater Zeus jedoch erbarmte sich der Kallisto und versetzte sie als Große Bärin an den Himmel. Man erzählt auch, daß sie ihm den Arkades, den namengebenden Helden der Landschaft Arkadien geboren hätte.

Dionysos und die Macht des Weines

Dionysos ist der Herr des Weines und der Winzerei. Er regiert nicht nur die Rebenkultur, sondern steht ein für das Reifen der Früchte und das Wachstum in der Natur schlechthin. Unweigerlich ist er dadurch auch mit dem feuchten Element verbunden, was sich schon in der Legende von seiner Geburt ausdrückt. ‚Dionysos' heißt auf griechisch ‚der zweimal geborene', und man erzählt sich, daß er nicht nur im Mutterleibe ausgetragen wurde. Die eifersüchtige Hera hatte nämlich erfahren, daß ihr Mann versprochen hatte, der Liebsten einen beliebigen Wunsch zu erfüllen. Sie überredete Semele zu dem Verlangen, den Galan einmal in seiner wirklichen strahlenden Gestalt anschauen zu dürfen. Zeus war durch seinen Eid gebunden und mußte ihr in der Fülle seiner gleißenden Macht entgegentreten. Semele war diesem Anblick nicht gewachsen und verbrannte zu Asche.
Zeus holte sofort aus dem Mutterleibe den kleinen Dionysos hervor. Er nähte ihn in seinen Schenkel ein, wo er vor der Rache der Hera sicher war. Nach seiner zweiten und endgültigen Ge-

Dionysos und Ariadne. Der nackt dargestellte Weingott, dessen Körperhaltung die durch die Trunkenheit bedingte Auslieferung an die Macht der Sinne ausdrückt, legt sein Bein entspannt in den Schoß seiner geliebten Ariadne, der dank der schwärmerischen Liebe dieses Gottes ein trauriges Schicksal erspart bleibt, nachdem Theseus sie auf der Insel Naxos zurückgelassen hat. Detail eines Volutenkraters aus vergoldeter Bronze (um 340 v. Chr.), der aus einem in der Ortschaft Derveni in Makedonien gefundenen Kammergrab stammt. Saloniki, Archäologisches Museum.

Der trunkene Dionysos, in Begleitung eines kleinen Satyrn, wird mit Weinlaub und Trauben, den klassischen Attributen dieses Gottes, bekränzt. Römische Marmorstatue, Kopie nach einem griechischen Original aus hellenistischer Zeit (2. Jh. v. Chr.). Athen, Archäologisches Nationalmuseum.

burt wurde das Kind dem Götterboten Hermes anvertraut, der ihn zu den Göttinnen der Quellen, den Nymphen am Berg Nysa brachte, wo er aufgezogen wurde.

Die symbolische Bedeutung dieser Erzählung ist einfach zu verstehen: Semele ist die von den sommerlichen Strahlen des Himmels verbrannte Erde, aber die Frucht ihres warmen und lebensspendenden Leibes bleibt lebendig. Zur Reife gelangt sie durch das heilsame Naß der Quellnymphen oder der die Erde netzenden Wolken. Dionysos wuchs also in üppigen Wäldern heran und wurde in der Obhut der Natur aufgezogen. Als erster pflanzte er Rebstöcke, kelterte den Traubensaft und labte sich am köstlichen Wein. Mit Rebenzweigen und Efeu bekränzt durchschweifte er alle Länder auf einem Zauberwagen, der von Panthern gezogen wird und hinter dem ein großes Gefolge herzog. Die Satyrn waren dabei mit von der Partie, Waldwesen mit Schweif und Tierohren, manche auch mit Bocksfüßen. Auch die anmutigen Mänaden tummelten sich in diesem Zug. Von Verzückung ergriffen schwärmten sie in rasendem Tanze um den Gott herum, verzaubert von seinen magischen Kräften. Er lehrte die Menschen, wie sie das Land bestellen müssen, um den Rauschtrank zu gewinnen. Überall verbreitete er seine Herrschaft, er gründete viele neue Städte und verbreitete allenthalben seinen Kult. Wo er hinkam, verkündet er sein Programm eines angenehmen und fröhlichen Daseins.

Dionysos wird als Wohltäter der ganzen zivilisierten Menschheit angesehen und daher mit den anderen segenspendenden Göttern wie Apollon und Demeter in einem Atemzug genannt. Durch die gliederlösende Wirkung seines Trankes regt er den Geist der Menschen und Götter zu heiterem Denken an. Er verscheucht die Befangenheit in Last und Sorgen des Alltags und inspiriert die Sänger zu ihrem dichterischen Werk. Der zivilisierte Bakchoskult – oder, wenn man so will, der gepflegte Weingenuß – verschönert und bereichert das Leben. Zugleich kann der Gott auch zerstörerische Kräfte freisetzen, vor allem durch die von ihm ausgehende Macht der Ekstase.

Als Dionysos auf einem dieser Streifzüge zur See unterwegs war, um die Insel Naxos zu besuchen, reiste er in Gestalt eines Knaben im Purpurmantel und mit lockigem Haar. Das Schiff wurde auf der Fahrt von Piraten aufgebracht. Es waren Tyrrhener, oder, wie wir heute sagen würden, Etrusker. Sie nahmen den Gott unerkannt an Bord und steuerten nach Osten, um ihn auf einem Sklavenmarkt zu verkaufen. Mit einem Mal enthüllte Dionysos die ganze Macht seines göttlichen Wesens: Das Schiff blieb im Efeugeschlinge stecken, das auf einmal im Meer schwamm. Die Ruder verwandelten sich in Schlangen, aus allen Ruderbänken sprossen Weinranken hervor und in wundersamer Weise

Eine Mänade in dionysischer Ekstase, in einer Hand den Thyrsos (mit Efeu umwundener heiliger Stab mit krönendem Pinienzapfen), in der anderen eine vermutlich mit Wein gefüllte Situla (eimerförmiges Gefäß), schreitet zum Klang der Doppelflöte voran, im Bann der repetitiven, rhythmischen Musik, mit der sich die ausgelassene Prozession des Weingottes fortbewegte. Detail eines rotfigurigen Kraters aus sizilianischer Produktion (um 340 v. Chr.). Lipari, Museo Archeologico Eoliano.

Das rasende Gefolge, das den Weingott auf allen seinen Wegen begleitet, besteht aus den Mänaden (oder Bacchantinnen), die, dem Ruf des mächtigen Gottes ausgeliefert, durch Inhalieren des Weines in einen Taumel geraten, in dem sie imstande sind, die jungen Opfertiere für Dionysos mit den Händen zu zerreißen, den Satyrn (oder Silenen), in deren wildem Geist durch den Anblick der leichtbekleideten tanzenden Mänaden tierische Instinkte geweckt werden, und dem Hirtengott Pan.

tummelten sich auf einmal Löwen und Panther an Deck. Die Tyrrhener waren zu Tode erschrocken und stürzten sich ins Wasser, wo der Gott sie in Delphine verwandelte. Mit seinem Gefolge setzte Dionysos die Seefahrt fort und begegnete auf Naxos der schönen Ariadne, die dort vom Helden Theseus verlassen war. Er erkor das Mädchen zu seiner Gattin und zog mit ihr auf den Olymp.

Der thrakische König Lykurgos weigerte sich, den Gott und seine Gesellschaft in seinem Reich aufzunehmen, als Dionysos gerade mit seinem fröhlichen Schwarm durch die nördlichen Gefilde zog. Lykurgos wollte einfach nicht, daß der Bakchoskult in seinem Reiche Fuß faßte. Schlimmer noch: er versuchte sogar, den Gott selbst gefangenzunehmen, der sich jedoch zurückzog und zunächst bei der Meergöttin Tethys Zuflucht nahm.

Die Begleiterinnen des Weingottes, die Mänaden, hatte Lykurgos in den Kerker werfen lassen. Dionysos befreite sie auf wundersame Weise von ihren Fesseln und ließ Lykurgos in Wahnsinn verfallen. In seinen Halluzinationen griff der König zu einer Axt und glaubte, den Weinranken zu Leibe zu rücken, den heiligen Pflanzen des Gottes. In Wahrheit aber hieb er in seiner Verblendung dem eigenen Sohn die Gliedmaßen ab und verstümmelte sogar sein eigenes Bein. Als er wieder zu sich kam, wurde ihm klar, daß ihn die Vergeltung des Gottes getroffen hatte.

Sein ganzes Land litt unter der Rache des Dionysos, der eine große Dürre gesandt hatte. Man befragte das Orakel und es wurde offenbar, daß allein die Anmaßung des Lykurgos das Volk ins Unglück gestürzt hatte. Der König wurde von den eigenen Leuten hingerichtet, indem man ihn von vier Pferden lebendig zerreißen ließ.

Auch der Thebanerkönig Pentheus wollte sich den dionysischen Festen widersetzen, welche die Frauen zu feiern pflegten, obwohl ihn der Seher Teiresias davor gewarnt hatte. Er wagte, den Gott selbst in Ketten zu legen und brüstete sich seiner Tat. Da lösten sich auf einmal die Fesseln an Dionysos' Gliedern, und der königliche Palast ging in Flammen auf. Aber selbst angesichts solcher Wundertaten ließ Pentheus nicht von seinem frevlerischen Eigensinn.

Er begab sich auf den Berg Kithairon, wo die Thebanerfrauen die dionysischen Mysterien zu Ehren des Gottes feierten. Kein männlicher Zeuge durfte hier zuschauen, aber der König verbarg sich in der Höhlung eines Baumes und belauschte sie. Als die Weiber von der Raserei ergriffen und in Bakchantinnen verwandelt waren, bemerkten sie den heimlichen Zuschauer. Sie hielten ihn für ein Tier und opferten ihn, indem sie ihn mit eigenen Händen zerrissen. Seine eigene Mutter Agaue ergriff seinen Kopf, den sie für ein Löwenhaupt hielt, pflanzte ihn auf einen Pfahl und paradierte so wie im Triumph in die Stadt hinein. Als Agaue und die anderen Frauen nach dem Ende der Feier wieder zu Bewußtsein gekommen waren, sahen sie, was sie angerichtet hatten. Sie erkannten die Macht ihres Gottes, der sich an seinem Gegner gerächt hatte. Agaue wandte sich in ihrer Scham ab und floh aus Theben.

Die Macht des Dionysos aber wurde nun von allen Völkern der bewohnten Erde anerkannt.

Der Tod des Pentheus, König von Theben. Er wird von Mänaden zerrissen (zwei mit Leopardenfell bekleidete Mänaden packen den Körper, aus dem die noch blutenden Eingeweide heraushängen, eine hält ein Bein in den Händen und eine andere sein Gewand), während ein Satyr entsetzt zurückspringt. Zeichnung nach einer rotfigurigen Schale des Athener Malers Duris, um 480 v. Chr. Die andere Seite der Vase zeigt ebenfalls Mänaden, die zum Klang einer von einem Satyrn gespielten Doppelflöte vor dem sitzenden Dionysos tanzen, in den Händen die restlichen Körperteile des Pentheus.
Toronto, Sammlung E. Borowski.

HESTIA, DIE GÖTTIN DES HEIMISCHEN HERDES

Die Göttin Hestia, welche die Römer unter dem Namen Vesta verehrten, ist eine Tochter des Zeus und der Hera. Ihr Name bedeutet im Griechischen ‚Herd' oder ‚Feuerstelle'. Sie ist die Hüterin und zugleich die Verkörperung des heimischen Herdfeuers. Wie auf Erden, so steht sie auch auf dem Olymp im Mittelpunkt des Familienlebens: Während die anderen Götter den himmlischen Palast oft verlassen, um durch die Welt zu ziehen, bleibt Hestia immer in der Götterresidenz und hütet das Feuer.
Die Herdstelle stand bei den alten Griechen für den Familienkult schlechthin. Hier befanden sich die Bilder der häuslichen Schutzgottheiten, unter denen Hestia waltet. Jede Wohnung ist somit Stätte ihrer Verehrung und daher wurden ihr keine eigenen Kultgebäude errichtet. Auch in jedem Göttertempel – und was ist er anderes als ein Haus der Gottheit? – wurde auch sie verehrt. Kein Opfer beging man, ohne zuerst und zuletzt der Hestia zu spenden, es gab keine Zeremonie, bei der ihr nicht die Erstlingsfrüchte dargebracht wurden. So hatte Hestia auch an allen griechischen Festbanketten, die immer einen religiösen Rahmen hatten, ihren Anteil.
Wie das Feuer ein Symbol der Reinheit ist, so ist auch die Göttin des Herdfeuers ein keusches Wesen. Obwohl mächtige Götter wie Poseidon und Apollon um ihre Hand anhielten – wer könnte sich eine bessere Familienmutter denken! –, lehnte Hestia immer ab, denn sie hatte beschlossen, Jungfrau zu bleiben. Solch einen Lebenswandel verlangte man natürlich auch von den Priesterinnen und Kultdienerinnen der Göttin.
Eine besondere Rolle spielte der Hestiakult in Delphi. Hier war die Göttin Tempelgenossin des Apollon. Das Herdfeuer dort brannte Tag und Nacht und wurde als Symbol der Einheit aller griechischen Stämme und Städte angesehen.

Oben: Hestia, die Göttin des heimischen Herdes sowohl in Götterwohnungen als auch in den Häusern der Menschen, sitzt, mit einer Kopfbedeckung angetan, auf einem kostbaren, lederbezogenen und mit Löwenfüßen verzierten Hocker in der Götterversammlung auf dem Olymp. Zeichnung nach einer rotfigurigen attischen Schale des Töpfers Sosias, die dem sogenannten Maler des Sosias zugeschrieben wird (um 500 v. Chr.).
Berlin - Charlottenburg, Antikenmuseum: Inv.-Nr. F 2278.

Unten: Apollontempel in Delphi.

Asklepios, der Gott der Heilkunst, gestützt auf einen von einer Schlange umwundenen Stab, Sinnbild der Heilkunde, empfängt in Begleitung seiner Söhne eine gläubige Familie, die ihn um Hilfe anfleht. Marmornes Votivrelief (um 360 v. Chr.) aus dem Asklepieion in Athen. Archäologisches Nationalmuseum.

DER HEILGOTT ASKLEPIOS

Vielgestaltig sind die Erzählungen, die sich an die Geburt des Asklepios knüpfen. Manche nennen ihn Sohn des Apollon und der Arsinoe, der Tochter des Messenerkönigs Leukippos. Die meisten aber bezeichnen Koronis als seine Mutter, die Tochter des thessalischen Lapithenkönigs Phlegyas. Apollon war für das schöne Mädchen in Liebe entbrannt und hatte sie zu seiner Gespielin gemacht. Aber Koronis betrog ihn mit einem Sterblichen. Die Kunde davon wurde dem Gott durch eine Krähe zugetragen – ‚Koronis' heißt merkwürdigerweise im Griechischen die Krähe. Er ermordete die Geliebte in blinder Rachsucht. Als sie aber auf dem Totenbett lag, rettete er den kleinen Asklepios aus dem Leib der Mutter und gab den Neugeborenen dem alten Chiron in Obhut.

Dieser sanftmütige Kentaur lehrte Asklepios die Heilkunde und der Knabe entfaltete darin bald große Fähigkeiten. Es gelang Asklepios sogar, Tote wieder zum Leben zu erwecken. Dafür

verwendete er Tropfen vom Blut der enthaupteten Gorgo Medusa, das er von Athena erhalten hatte. So zog er sich jedoch die Mißgunst des Zeus zu. Dieser fürchtete zu Recht, daß die kosmische Ordnung gefährdet wäre, wenn niemand mehr stürbe. Er schleuderte einen tödlichen Blitz auf den Unruhestifter. Aber Asklepios' Vater Apollon rächte sich, indem er seinerseits die Kyklopen erschlug, welche für Zeus die Blitze schmiedeten, und sich anschließend im Groll aus dem Olymp zurückzog. Asklepios wurde nach seinem Tode in ein Sternbild verwandelt und ziert als der ‚Schlangenträger' den Himmel. Damit erinnern die Sterne an die Heilschlange, das magische Tier des Asklepios, das sich gern um seinen Stab windet. Asklepios ist ein helfender und freundlicher Gott, denn er stellt das leibliche Wohl wieder her und heilt Krankheiten. Er wurde in Griechenland an vielen Stellen verehrt, vor allem in Epidauros in der Argolis. Aber auch in Sikyon, Athen und Kyrene baute man ihm Heiligtümer. Unter dem Namen Äskulap gelangte er auch nach Rom. Besonders im Heiligtum auf der Tiberinsel verehrten ihn die Römer. Nicht aus Zufall steht dort noch heute ein großes Krankenhaus. Bei jeder Kultstätte des Asklepios befand sich auch ein Hospital, in dem die Pilger Genesung suchten. Man heilte dort mit Kräutersud und Umschlägen oder durch chirurgische Eingriffe. Vor allem führten das Aufsagen magischer Formeln und der sogenannte Heilschlaf zum Erfolg: Unter Gebeten und Opfern führte man den Kranken in einen Schlafsaal. Im Schlummer erschien dem Träumenden dann der Gott und verriet die Mittel zur Gesundung.

Die Heilkunst des Asklepios wurde in der Gilde seiner Nachfolger, der sogenannten Asklepiaden, von Generation zu Generation überliefert. Der Gott hatte von Epione (‚die Lindernde') mehrere Kinder, so die Brüder Podaleirios und Machaon. Erinnert sei auch an die Hygieia (‚die Gesundheit'), mit der zusammen der Gott oft dargestellt wird, sowie an Iaso, Panacheia, Aigle und Achesos.
Ihre Namen erinnern jeweils mit dem Wortstamm an Medikamente oder medizinische Künste.

Hygieia, Göttin der Gesundheit und Tocher des Asklepios, von dem sie auch das Attribut der Schlange geerbt hat. Marmorstatue aus hellenistischer Zeit (2. Jh. v. Chr.), aus dem großen Asklepios-Heiligtum auf der Insel Kos. Kos, Archäologisches Museum.

Links: Blick auf die große Kultstätte des Asklepios in Epidauros mit einer Teilansicht der archäologischen Zone.

Hades und das dunkle Reich der Unterwelt

Hades wurde aus der Vereinigung von Kronos und Rhea geboren und hat Zeus und Poseidon zu Geschwistern. Als sich die drei Brüder nach ihrem Sieg über die Titanen die Herrschaft über das Weltenganze teilten, erhielt Hades die Unterwelt. Er ist der erbarmungslose und unerbittliche Fürst in der Welt des Todes und erlaubt niemandem aus seinem Reich die Rückkehr unter die Lebenden.

Er bedient sich der Hilfe verschiedener Dämonen und Geister, die ihm untertan sind. Bekannt ist zum Beispiel der Fährmann Charon, der die Seelen über den Unterweltsfluß Styx bringt und den auch Dante in seiner Schilderung des *Inferno* erwähnt. Der unerbittliche Hades hat aber auch freudliche Wesenszüge, die in seinem Beinamen Pluton oder Plutodotes ('Geber des Reichtums') anklingen. Als Gott des Erdinneren trägt er nämlich zur Fruchtbarkeit des Ackers bei und ist Spender der Bodenschätze, die in Gruben und Minen gewonnen werden.

In mythologischen Erzählungen spielt Hades nur eine geringe Rolle, sehen wir von der Gewinnung seiner Braut Persephone ab, von der bereits die Rede war.

Hades, Gott der Unterwelt (zu seinen Füßen der Höllenhund Kerberos, der den Eingang bewacht) und Persephone. Römische Marmorstatue (2. Jh. n. Chr.) aus dem Isis-Heiligtum in Gortis auf Kreta.
Iraklion, Archäologisches Museum.

Hades und Persephone auf dem Thron im Reich der Unterwelt. Votivrelief aus Terrakotta (um 470 v. Chr.) aus dem Heiligtum der Göttin in Locri (Kalabrien), das von den "Locroi Epizephyrioi" genannten Lokrern gegründet wurde.
Reggio Calabria, Archäologisches Nationalmuseum.

PAN, DER GOTT DES FRÖHLICHEN LANDLEBENS

Pan ist der Herr der Hirten und Herden. Manche nennen ihn ein Kind von Kronos und Rhea, andere halten ihn für ein von Hermes gezeugten Nymphensohn, wieder andere bezeichnen Aphrodite als seine Mutter. Ursprünglich verehrte man ihn nur in Arkadien, aber bald erkannten ihn auch die anderen Landschaften Griechenlands als Gott an, und sein Kult zog immer größere Kreise.

Der auf einem Felsblock sitzende Pan lauert der tugendhaften Aphrodite auf, die ihn mit einer Sandale zurückweist. Statuette des 3.- 2. Jh. v. Chr., die beim Tempel des Olympischen Zeus in Athen gefunden wurde und sich möglicherweise früher in dem angrenzenden Pan-Heiligtum befand, und Skulpturengruppe etwa aus dem Jahr 100 v. Chr. aus Delos. Beide Werke sind aus Marmor. Athen, Archäologisches Nationalmuseum: Inv.-Nr. 683 und 3335.

Man stellt Pan gewöhnlich als dämonisches Wesen dar, halb Mensch, halb Tier. Der untere Teil seines Körpers ist wie der eines Ziegenbocks geformt, sein Oberkörper ist von menschlicher Natur, jedoch mit einem Paar von Bockshörnern auf der Stirn.
Als seine Mutter den häßlichen Säugling zum ersten Male erblickte, erschrak sie furchtbar und verstieß ihn. Hermes fand den Kleinen und brachte ihn in den Olymp. Dort wurde er von den Göttern freundlich aufgenommen und besonders Dionysos nahm sich seiner an. Er reihte ihn in die Schar seiner fröhlichen Anhänger ein, der Satyrn und Silene. Dort fühlt er sich wohl und dorthin paßt er von seiner Erscheinung und seinem Gebaren her auch am besten.
Pan ist ein guter Renner und klettert geschwind auf Berge und Felsen. Er lebt gern in schattigen Wäldern. Dort verschläft er die große Mittagshitze, wie es auch die Hirten tun. Am liebsten wohnt er bei frischen Quellen und in dichtem Gebüsch, wo er den Nymphen oder schönen Knaben auflauert. Beide begehrt seine leicht erregbare Sinnlichkeit gleichermaßen. Sein Hunger nach dem Geschlechtlichen ist geradezu sprichwörtlich, ein deutlicher Hinweis auf seine ursprüngliche Rolle als vitaler Naturgott und Mehrer der Herden.
Er führt meist eine Rohrflöte mit sich, wie sie sich die müßigen Hirten schnitzen, um darauf zu spielen. Er hat selbst dieses Instrument geschaffen, und nicht Hermes, wie oft behauptet wird. Einst verfolgte Pan nämlich die Nymphe Syrinx in lustvoller Gier. Um sich zu schützen, verwandelte sich das Mädchen in Schilfrohr, genauso, wie Daphne auf der Flucht vor Apollon zum Lorberbaum wurde. Aus dem Rohr fertigte Pan dann die Flöte mit dem klagenden Ton, welche fortan den Namen Syrinx trug.

III.
HELDENSAGEN

HERAKLES

Der bedeutendste Heros des alten Griechenland ist Herakles, der halb göttliche Sohn des Zeus. Er ging aus dem Liebesverhältnis des Götterkönigs mit der sterblichen Alkmene hervor, der Gattin des thebanischen Königs Amphitryon. Zeus nützte nämlich die Gunst des Augenblicks, als der Hausherr in der Hochzeitsnacht gegen die Teleboier von der Insel Leukas ins Feld ziehen mußte. Jetzt konnte er sich Alkmene in Gestalt ihres Gatten nahen.

Als Amphitryon am nächsten Morgen von seinem Kriegszug zurückkehrte, wurde der Schwindel offenbar. Die ahnungslose Alkmene wäre nun in größte Schwierigkeiten gekommen, hätte sich Zeus sich nicht zu seiner Vaterschaft bekannt. Man kam überein, daß Amphitryon nach außen hin fortan als Vater des Kindes galt. So war das Ehepaar wieder miteinander versöhnt und zeugte daraufhin gleich noch einen Sohn. Als es an der Zeit war, gebar Alkmene Zwillinge, den Halbgott Herakles aus der einen und den sterblichen Iphikles aus der anderen Nacht. Schon bevor Herakles geboren war, verfolgte ihn die Rache der eifersüchtigen Hera. Zeus hatte nämlich unter Eid verkündet, daß zur betreffenden Stunde ein Kind aus dem Stamme des Perseus zur Welt kommen werde, dem künftig die Königswürde des Reiches von Mykene in Argos zufallen solle. Er dachte dabei an Herakles, denn Alkmene stammte von Perseus ab. Zu dieser Zeit ging in Mykene Nikippe, die Frau des Perseussohnes Sthenelos, mit dem kleinen Eurystheus schwanger. Obwohl dieser erst sieben Monate, Herakles aber schon zehn Monate im Mutterleib war, wurde Eurystheus früher geboren. Die Geburtsgöttin Eileithyia war nämlich von ihrer Mutter Hera angewiesen worden, die Wehen der Alkmene um vier Tage hinauszuzögern, Eurystheus aber mußte sogleich das Licht der Welt erblicken.

Um Herakles (lat. Herkules), den thebanischen Helden, dessen Kraft eines Halbgottes schon im Altertum die Befreiung des Menschen aus jeder Notlage verkörpert, spann sich eine Fülle von Legenden, die immer wieder in neuen Versionen erzählt wurden. Seine zahlreichen Heldentaten, von den alten Griechen in "Athloi" (Die zwölf Mühen), "Praxeis" (Heldentaten) und "Parerga" (Abenteuer) unterteilt, wurden von den größten Dichtern und Tragödienschreibern besungen. Detail eines Marmorreliefs, das den Helden auf der "Leonté", dem Fell des Nemeischen Löwen, liegend darstellt. Der wilde Löwe von Nemea war das Opfer seiner ersten Mühe.
Athen, Archäologisches Nationalmuseum.

DIE VORZEICHEN KÜNFTIGEN RUHMS

Als der kleine Herakles erst acht Monate alt war, trachtete Hera ihm schon nach dem Leben. Die Zwillinge schliefen gerade in ihrer Wiege, da sandte sie zwei große Schlangen, welche sich an die Säuglinge heranmachten und sie erdrosseln wollten. Die Schreckensschreie des Iphikles weckten Amphitryon, der sogleich mit gezücktem Schwert herbeirannte. Aber er brauchte gar nicht mehr einzugreifen, denn Herakles hatte die Reptilien schon ergriffen und erwürgte sie mit bloßen Händen. So wurde allen offenbar, wer von den beiden Kleinen göttlicher Abkunft war.

Noch als Kind gab Herakles eine weitere Probe seiner ungeheuren Kraft. Mit anderen Knaben vornehmer Herkunft schickte man die Zwillinge in die Schule des Musikers Linos, damit sie in Dichtung und Musik unterwiesen würden. Während Iphikles ein braver und ordentlicher Schüler war, zeigte sich Herakles unwillig und aufsässig. Als Linos ihm eines Tages seine Flausen austreiben wollte, erschlug das Kind seinen eigenen Lehrer mit einem Hocker. Manche meinen auch, er habe dafür die Lyra benutzt. Darauf sollte er schwierige Fingerübungen machen, mit denen er nicht zurechtkam. Herakles wurde des Totschlages angeklagt, verteidigte sich aber erfolgreich. Der angeblich unfähige Schüler konnte nämlich wichtige Merksätze und Schiedssprüche des Richters Rhadamanthys, der für seine Weisheit und Gerechtigkeit berühmt war, aus dem Gedächtnis zitieren.

Allmählich fürchtete sich Amphitryon vor dem Jähzorn des Adoptivsohnes und versuchte, ihn aus seinem Palast zu entfernen. Dazu schickte er ihn als Hirte aufs Land. Herakles' Erziehung übernahm dort ein einfacher Kuhhirte skythischer Abstammung, der ihn vor allem im Gebrauch des Bogens unterwies. Manche nennen den eleusinischen König Eumolpos als seinen Lehrer an den Waffen und an der Leier. Man erzählt aber auch von den Lehren des schon genannten Rhadamanthys.

Im Alter von achtzehn Jahren vollbrachte Herakles die erste seiner berühmten Heldentaten. Am Berge Kithairon hauste ein wilder Löwe, der immer wieder in den Herden des Amphitryon seine Beute suchte. Ihm wagte sich kein Jäger auch nur zu nähern. Der Zeussohn trat dem Untier entgegen, erschlug es und befreite so das Land von dieser Plage.

Als er mit seiner Beute nach Theben zurückkehrte, begegnete ihm eine königliche Gesandschaft aus Orchomenos. Diese wollte bei Amphitryon die fälligen Abgaben eintreiben, denn Theben war damals dem König von Orchomenos tributpflichtig. Herakles verprügelte die Männer und schnitt ihnen Nasen und Ohren ab, die er ihnen dann um den Hals hängte. «Blutige Nasen und Ohren sind der Tribut, den Orchomenos von Theben erwarten kann!» rief er ihnen nach. Das rief natürlich einen Rachefeldzug der Orchomener auf den Plan. Herakles kämpfte Seite an Seite mit Amphitryon, der zwar sein Heer zum Siege führte, aber in der Schlacht fiel. Sein Nachfolger wurde Kreon, der Herakles zum Lohn für den Einsatz mit seiner Tochter Megara vermählte.

Von neuem verfolgte die Göttermutter Hera den Helden mit ihrem Zorn und ließ ihn den Verstand verlieren. Im Wahnsinn brachte er seine drei Söhne um, die Megara geboren hatte. Hera wollte nun, daß er sich in die Dienste seines Vetters Eurystheus begab, dem er durch das unglückliche Geburtsorakel des Zeus eigentlich untertan war. Herakles hatte sich mit einem so schrecklichen Verbrechen befleckt, daß er wirklich bereit war, sich jeder Art von Sühne zu unterwerfen, um diesen Makel zu tilgen. So war der einzigartige Weg des Heros, der ihn durch seine zwölf Heldentaten im Dienste des Eurystheus zu unsterblichem Ruhm führte, eigentlich das Werk der Hera.

Verärgert über die langweiligen Musikübungen, die man ihm aufzwingt, gibt der Herkulesknabe schon bald eine Probe seines starken und unbändigen Charakters, indem er seinen Lehrer Linos mit einem Hocker erschlägt. Zeichnung nach einer rotfigurigen Schale des Athener Malers Duris (um 480 v. Chr.), die man in einem Grab in Vulci gefunden hat. München, Antikensammlungen: Inv.-Nr. 2646.

DIE ZWÖLF TATEN DES HERAKLES

Reiche Erzählungen künden seit frühester Zeit von den Abenteuern des Herakles. Die ältesten Zeugnisse stammen schon aus dem achten Jahrhundert v. Chr. Erst später begann man, die sogenannten Zwölf Taten, welche er im Auftrag des Eurystheus verrichtete, als seine eigentlichen Meisterwerke anzusehen. Nur diese waren nämlich in Bildwerken am berühmten Tempel des Zeus zu Olympia dargestellt. Dort schmückten sie über dem vorderen und hinteren Eingang zum Gotteshaus die zwölf Metopen, also die Bildfelder über den Säulen. Die Zwölf Taten zeigen Herakles als den idealen Menschen schlechthin. Er ist das Leitbild des griechischen Mannes, der mit seiner ethischen Stärke und der Kraft seines Leibes alle Dämonen und Monster der Welt überwindet, und so die ewige Glückseligkeit im Kreise der Götter erreichen kann. Bei den Abenteuern stand ihm sein Neffe und Schildknappe Iolaos treu zur Seite. Ohne den weisen Rat seiner Schutzgöttin Athena hätte er freilich die Prüfungen kaum bestehen können.

Das Ausgrabungsgelände des Zeus-Heiligtums in Nemea mit Resten des Tempels.

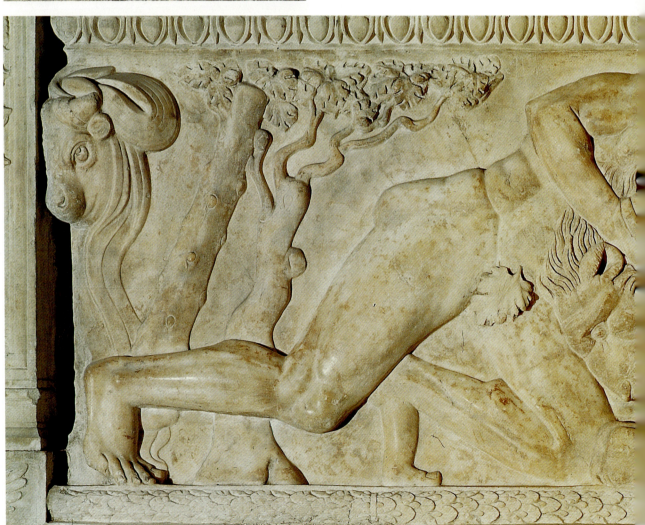

Der Nemeische Löwe

Als erste Aufgabe wurde Herakles der Kampf mit dem wilden Löwen aufgetragen, der in der Ebene von Nemea hauste. Herakles bekämpfte die Bestie zunächst mit Pfeil und Bogen. Als dies nicht half, griff er zur Keule und schließlich zu seinem Schwert, dessen Klinge er im wütenden Kampfe stumpf und krumm schlug. Es wurde ihm klar, daß der Löwe unverwundbar war und man ihm mit den üblichen Waffen nicht beikommen konnte. Daher griff er todesmutig einfach mit bloßen Händen an und ließ sich auf einen Ringkampf mit dem Wüterich ein, den er schließlich erwürgte.

Der Kadaver erwies sich, wie es der Dichter Theokrit sagt, als «nicht mit Feuer, nicht mit Eisen zu verwunden». Um das prächtige Löwenfell abzuziehen, mußte Herakles einen Trick anwenden, den ihm die kluge Göttin Athena verriet: Mit den Krallen der Löwenpranken schlitzte er die Haut auf und zog den Balg ab, aus dem er sich einen Panzer machte. Aus dem Kopf der Raubkatze fertigte er einen Helm, indem er den aufgerissenen Rachen als Öffnung benutzte, so daß das Gesicht unter den scharfen Zähnen des Löwen hervorschaute. Die Vorderpranken mit den Krallen verknotete er auf der Brust. An dieser Tracht aus der Trophäe des Nemeischen Löwen kann man den Helden leicht erkennen.

Herakles im Kampf mit dem sagenhaften Löwen, dessen magische Kraft nur mit bloßen Händen gebrochen werden kann. Römischer Sarkophag, 2. Jh. n. Chr. Rom, Kirche Santa Maria sopra Minerva.

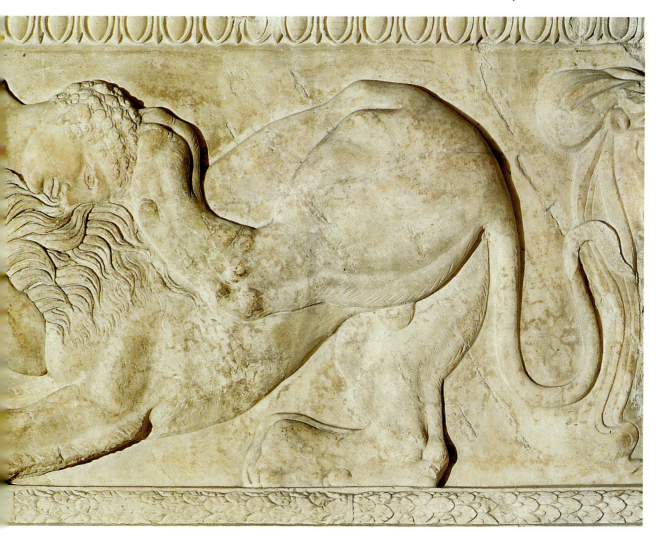

Marmorrelief aus Lerna, 2. Jh. v. Chr. Athen, Archäologisches Nationalmuseum: Inv.-Nr. 3617.

DIE LERNÄISCHE HYDRA

Die schreckliche Hydra war ein Schlangenungeheuer mit neun Köpfen; manche sprechen auch von fünf, andere gar von hundert. Sie lebte in den Sümpfen der uralten Stadt Lerna, von wo aus sie Jagd auf Herdentiere machte. Die Hydra verwüstete Felder und versetzte die armen Einwohner der Gegend mit ihrem giftigen Atem in Angst und Schrecken. Herakles griff das Untier beherzt an, mußte aber zu seinem Entsetzen feststellen, daß für jedes abgeschlagene Haupt zwei neue hervorwuchsen. Während des Kampfes schickte Hera auch noch eine riesige Krabbe, die den Helden fortwährend in den Fuß zwickte.

Da kam ihm sein Schildknappe Iolaos zu Hilfe, der Feuer an einen nahen Wald legte und brennende Äste daraus hervorzog. Damit sengte er die Schlangenstümpfe an, sobald Herakles einen der Köpfe abgeschlagen hatte; nun konnten sie nicht mehr nachwachsen. Die boshafte Krabbe zerquetschte der Held schließlich mit einem Tritt. So konnte er auch dieses Abenteuer bestehen und kehrte als Sieger nach Mykene zurück.

Herakles, soeben von der Quadriga abgestiegen, neben der seine Schutzgöttin Athena steht, kämpft mit der Hydra, die ihm in der Nähe eines öffentlichen Brunnens, der Überlieferung nach wahrscheinlich aber in den Sümpfen von Lerna, auflauert. Zeichnung nach einer schwarzfigurigen attischen Hydria, die einem Maler der Leagros-Gruppe (um 510 v. Chr.) zugeschrieben wird. Boulogne-sur-mer, Museum.

Luftaufnahme des archäologischen Gebietes von Lerna, wo der mythische Kampf zwischen Herakles und der schrecklichen Hydra stattgefunden hat. Reste von Wohnhäusern aus neolithischer Zeit.

DER ERYMANTHISCHE EBER

Die dritte Aufgabe, welche Eurystheus dem Herakles übertrug, bestand darin, einen riesigen und wilden Eber lebendig zu fangen und nach Mykene zu bringen. Dieser trieb in den Bergwäldern von Erymanthos in Arkadien sein Unwesen. Als der Held das Versteck der Bestie aufgespürt hatte, verjagte er es durch lautes Schreien aus seinem Schlupfwinkel und verfolgte es über die weiten Schneefelder der Bergwelt Arkadiens. Als er das Tier bis zu Erschöpfung gejagt hatte, konnte er es leicht fangen, lud es sich auf die Schulter und brachte es lebend nach Mykene. Als Herakles in diesem Aufzug bei Hofe erschien, erschrak Eurystheus furchtbar und schlüpfte kopfüber in eines der Tonfässer, die in einem Raum neben dem Thronsaal halb in die Erde eingegraben waren. Schlotternd vor Angst bettelte er den Helden aus seinem Versteck heraus an, bis dieser die wilde Bestie fortbrachte. Während dieses Abenteuers kam Herakles auch zu Pholos, einem edlen und gesitteten Kentauren, der in einer Höhle lebte und sich von rohem Wildpret ernährte. Der Held war von der Jagd auf den Eber müde und ruhte sich bei seinem Freund ein wenig aus. Er wurde gastfreundlich aufgenommen und der Kentaur röstete ihm zu Ehren extra ein schönes Stück Fleisch. Da bat ihn Herakles auch um einen guten Schluck zum köstlichen Mal. Pholos gab zur Antwort, daß er nur ein einziges Faß Wein besitze, welches jedoch allen Kentauren des Gebirges gemeinsam gehöre. Da Herakles auf seinem Wunsch beharrte, öffnete der Gastgeber schließlich doch das Faß und servierte den köstlichen Trank mit dem starken Aroma. Der Duft war so stark, daß er sich in den umliegenden Wäldern verbreitete und die anderen Kentauren auf den Plan rief. Sie eilten herbei und rannten wütend zur Höhle. Allein vom Weinduft waren sie so berauscht, daß sie sofort Streit anfingen. Bei diesem Händel verletzte sich der edle Pholos versehentlich selbst mit einem vom Blute der Lernäischen Hydra vergifteten Pfeil des Herakles und fand den Tod.

Nachdem Herakles den wilden Eber, der in den Bergen des Erymanthos sein Unwesen trieb, gefangen hatte, lädt er ihn sich auf die Schultern und trägt ihn an den Hof des Eurystheus, der beim Anblick der Bestie entsetzt in ein großes Faß flüchtet. Marmornes Votivrelief aus dem beginnenden 5. Jh. v. Chr. Athen, Archäologisches Nationalmuseum.

Zeichnung nach einer schwarzfigurigen attischen Amphora etwa aus dem Jahr 510 v. Chr. Paris, Louvre: Inv.-Nr. F 59.

Herakles und Pholos schöpfen Wein aus dem Faß, das den Kentauren gemeinsam gehört, eine Handlung, die den Zorn der Kentauren auslöst. Zeichnung nach einer rotfigurigen attischen Schale (um 500 v. Chr.). Basel, Antikenmuseum: Inv.-Nr. BS 489.

DIE KERYNITISCHE HINDIN

Einst hatte Artemis im Wald ein Rudel von fünf Hindinnen mit goldenem Geweih und größer als Stiere erspäht, die auf einer Lichtung grasten. Vier von ihnen hatte sie gezähmt, um sie unter das Wagenjoch zu spannen. Die fünfte aber ließ sie frei in den Bergen von Keryneia schweifen, an der Grenze zwischen Achaia und Arkadien. Das Tier war übernatürlich schnell und Herakles mußte es nach dem Gebot des Eurystheus ein ganzes Jahr lang jagen. Dabei kam er auch in die nördlichen Gefilde, über Istrien hinaus bis in das Land der Hyperboräer. Am Ende ermüdete das heilige Tier, und bei einem großen Fluß konnte Herakles es erlegen, nachdem er es schon mit einem Pfeilschuß leicht verletzt hatte. Er lud sich die Beute auf die Schulter und machte sich auf den Weg zurück zu Eurystheus.

Auf dem Weg holte ihn Artemis zusammen mit ihrem Bruder Apollon ein. Das göttliche Geschwisterpaar forderte die Beute von Herakles, weil die Hirschkuh das Eigentum der Jagdgöttin war. Sie klagten den Helden an, er habe das heilige Tier getötet und somit einen religiösen Frevel begangen. Herakles verteidigte sich, daß er nach Zeus' Befehl den Auftrag des Eurystheus zu erfüllen hätte und folglich nicht aus eigenem Antrieb, sondern auf göttliche Weisung gehandelt habe. Apollon und Artemis sahen seine Unschuld ein und ließen ihn mit der Hirschkuh nach Mykene zurückkehren.

Herakles greift die legendäre Hindin mit den goldenen Hörnern an, die durch die Berge von Keryneia schweift. Obgleich die mächtige und schnelle Hirschkuh ein der Artemis heiliges Tier ist, verzichtet die Göttin auf die Bestrafung des Helden, da dieser von Eurystheus zu der Tat gezwungen worden war. Marmorne Metope aus dem Schatzhaus der Athener in Delphi (kurz nach 490 v. Chr.). Delphi, Archäologisches Museum, Metope Nr. 19.

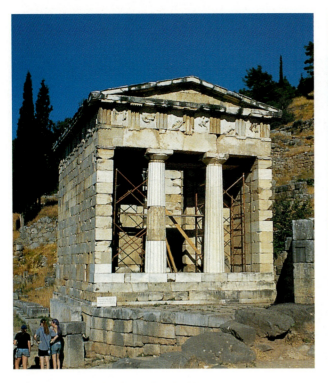

Das Schatzhaus der Athener. Bei dem kleinen tempelartigen Gebäude mit dorischer Ordnung handelt es sich um einen Distylos, das heißt um einen Tempel mit zwei Frontsäulen zwischen den Anten (Seitenpfeiler) und einer Reihe von Metopen, auf denen die Taten des Herakles dargestellt waren. Das Schatzhaus wurde kurz nach 490 v. Chr. (manche Archäologen halten es auch für ein früheres Werk, etwa aus der Zeit um 500 v. Chr.) im großen Apollon-Heiligtum in Delphi (Phokis) errichtet, vermutlich als Ehrenmal für den berühmten Sieg der Athener über die Perser bei Marathon, zugleich aber auch zur Aufbewahrung eines Teiles der reichen Kriegsbeute, die das griechische Heer dem Feind entwendet hatte und als Weihgabe für den Gott bestimmt war.

Das rauhe Bergmassiv von Erymanthos in Arkadien, legendärer Schauplatz der Verwüstungen, die der furchtbare Eber in den nach ihm benannten Bergen anrichtet, und der ruhmreichen Taten des Herakles, dem es gelingt, das Ungeheuer zu fangen. Der Held trägt die Bestie lebendig zum Hof des Eurytheus, der beim Anblick des wilden Tieres so erschrickt, daß er sich kopfüber in ein Faß stürzt.

Nachdem Herakles auf Anraten seiner Schutzgöttin Athena die gefährlichen und monströsen Vögel, die den Sumpf beim See Stymphalos in Arkadien verseuchen, mit Hilfe einer von Hephaistos geschmiedeten metallenen Klapper aufgescheucht hat, gelingt es ihm, sie mit seinen Pfeilen zu erlegen (es gibt jedoch ikonographische Quellen, wie die schwarzfigurige Amphora B 231 im British Museum in London, aus denen ersichtlich ist, daß Herakles die Vögel mit einer Schleuder tötet). Detail eines Marmorreliefs mit der Tat des Herakles. Korinth, Archäologisches Museum.

Die Stymphalischen Vögel

In einem finsteren, sumpfigen Wald beim See Stymphalos in Arkadien lebte ein Schwarm riesiger, menschenfressender Vögel, die sich in ihrem Versteck ungeheuer vermehrt hatten. Sie trugen wunderbare Federn von bunter Farbe, die aber aus Eisen bestanden und so scharf und spitz waren, daß sie jeden tödlich verletzen konnten, der es wagte, sich ihnen zu nähern. So waren die Tiere zu einer schrecklichen Plage für das ganze Land geworden, da sie niemand vertreiben konnte. In großen Schwärmen fielen sie in die reife Kornernte ein oder fraßen alle Obstbäume leer.

Eurystheus schickte Herakles los, die Ungeheuer auszurotten. Aber dem Helden wollte es nicht gelingen, die Vögel aus ihrem Versteck im Dickicht aufzuscheuchen, um den Kampf gegen sie aufzunehmen. Es war seine Schutzgöttin Athena, die ihm den richtigen Weg wies und für Unterstützung sorgte. Sie ließ den befreundeten Schmiedegott Hephaistos große Klappern aus Erz anfertigen. Als Herakles diese Instrumente gegeneinander schlug, entstand ein so plötzlicher und gewaltiger Lärm, daß die Vögel erschreckt aufflogen und der Held viele von ihnen im Fluge erlegen konnte. Die anderen flüchteten in alle Richtungen auseinander und mieden fortan die Gegend.

Der Stymphalos, heute ein kleines Gewässer, war früher ein von Wäldern umgebener, teilweise sumpfiger See, in dem der Überlieferung nach ein Schwarm menschenfressender Vögel lebte. Herakles gelingt es, durch eine von seiner Schutzgöttin Athena vorgeschlagenen List und mit der Hilfe des befreundeten Gottes Hephaistos, die ungeheuren Vögel auszurotten. Athena bittet den Schmiedegott Hephaistos, für Herakles eine metallene Klapper anzufertigen. Beim Klang des ungewöhnlichen Geräusches stieben die Vögel erschreckt aus ihrem sicheren Versteck, einem finstern Wald, in den sie sich bei Ankunft des Helden geflüchtet hatten. So kann Herakles die Vögel im Flug erlegen und das Gebiet von der schrecklichen Plage befreien.

Kreta: Panorama mit Blick nach Balion, einer bezaubernden Bucht an der Nordküste (oben), und zur Nordwestküste in der Nähe des Städtchens Siteia. Die Mythologie gibt Kreta als Schauplatz der siebten Mühe des Herakles an: die Bezwingung des wilden Stiers, der die Insel verwüstet und den der thebanische Held nur mit Hilfe eines Seiles zu bändigen vermag.

Der Stall des Augias

Augias war ein Sohn des Sonnengottes Helios und der König von Elis, jener Landschaft, in der auch das Zeusheiligtum von Olympia liegt. Er hatte von seinem Vater riesige Rinderherden geerbt, die sein ganzer Stolz waren. Aber er war saumselig bei der Erledigung seiner Pflichten und hatte schon lange die Kuhställe nicht mehr gereinigt. Der Mist war jeden Tag mehr geworden und nun konnte man seiner nicht mehr Herr werden. Dabei hätten die kargen Felder von Elis eine Düngung bitter nötig gehabt und die Rinder lagen in ihren schmutzigen Ställen auf den Klattern.

Als Eurystheus diese Aufgabe an den Helden übertrug, war Augias natürlich hocherfreut. Er meinte frohgemut: «Der zehnte Teil meiner Herden steht dir zu, wenn du die Ställe in einem einzigen Tag ausmistest!» Herakles brach in die Hofmauer eine Bresche und leitete die beiden nahegelegenen Flüsse Alpheios und Peneos um, so daß ihre Wasser die Ställe und den Hof durchströmten und in kürzester Zeit alles säuberten. Durch den ungeahnten Erfolg war Augias zunächst ganz verwirrt, wollte seinem ‚Stallknecht' aber den versprochenen Lohn nicht auszahlen. Aber sein Sohn, der ehrliche Prinz Phyleus, schritt ein und legte für die Abmachung wie für die Tat öffentlich Zeugnis ab. Er wurde dafür ebenso wie Herakles vom König außer Landes gewiesen.

Der Kretische Stier

Sein siebentes Abenteuer war zugleich das erste, das Herakles außerhalb der Peloponnes bestehen mußte. Er schiffte sich nach Kreta ein, um dort einen wilden Stier von außergewöhnlicher Kraft und Stärke zu jagen. Die verschiedenen Erzähler sind sich nicht einig, um was für ein Tier es sich handelte: Manche meinen, es sei der Stier gewesen, auf dem die schöne Europa einst von Phönizien bis auf die Insel getragen wurde, denn dieses Tier sei durchaus nicht, wie allgemein angenommen, der verwandelte Zeus auf Freiersfüßen gewesen. Andere behaupten, es habe sich um denselben wunderschönen Bullen gehandelt, in den sich einst Pasiphae verliebte, die Gattin des kretischen Königs Minos. Sie habe sich von dem Tier sogar bespringen lassen, so daß sie schwanger wurde und den Minotauros gebar.

Die naheliegendste Version ist die dritte: dieser Stier tauchte wunderbarerweise aus dem Meer auf, als Minos gelobt hatte, alles, was an diesem Tage von den Wellen angeschwemmt würde, werde er dem Poseidon opfern. Als er aber das prächtige Tier sah, wollte er es nicht wieder hergeben und fügte es zu seiner Herde. Statt dessen opferte er dem Herren der Meere ein anderes Rind. Poseidon war erzürnt über diesen Betrug und rächte sich, indem er den Bullen in Raserei verfallen ließ, so daß er überall auf der Insel eine Spur der Verwüstung zurückließ.

Herakles bereitete seinem Wüten ein Ende, indem er das Tier mit bloßen Händen besiegte und mit Seilen fesselte. So brachte er es lebendig an den Hof des Eurystheus. Dieser wollte es der Hera zum Opfer darbringen, aber die Göttin lehnte eine Gabe ab, denn letztlich hätte man damit nur den Ruhm des Helden verkündet, dem sie bittere Feindschaft geschworen hatte. Daher befreite Hera den Stier, der nun auf dem griechischen Festland sein Unwesen trieb. Besonders in der Ebene von Marathon fühlte er sich wohl und wurde nun ‚Marathonischer Stier' genannt. Erst der Held Theseus sollte dem Untier den Garaus machen.

Nur die übermenschliche Kraft eines Halbgottes kann Herakles in die Lage versetzen, an einem einzigen Tag die lange vernachlässigten, riesigen Ställe des Augias, eines Sohnes des Sonnengottes, gründlich zu reinigen. Kolossale Herkulesstatue, sogenannter "Farnesischer Herkules" (2. Jh. n. Chr.) aus den Caracalla-Thermen in Rom. Neapel, Archäologisches Nationalmuseum.

DIE ROSSE DES DIOMEDES

*Um die menschenfressenden Rosse aus dem Gestüt des Thrakerkönigs Diomedes, eines Sohnes von Ares, zu zähmen, muß sich Herakles ihrem Eigentümer, dem König in eigener Person, stellen; aber während noch das Duell stattfindet, verschlingen die Tiere den jungen Abderos, der Herakles bei diesem Unternehmen Hilfestellung leistet.
Zur Erinnerung an den toten Freund gründet der Held eine Stadt, die noch heute den Namen Abdera trägt.
Zeichnung nach einem Detail des Innenbildes einer schwarzfigurigen Schale mit korallenfarbenem Boden, ein dem bedeutenden Athener Maler Psiax zugeschriebenes Werk aus der Zeit um 510 v. Chr.
Sankt Petersburg, Eremitage.*

Diomedes war ein Sohn des Kriegsgottes Ares und herrschte in Thrakien, dem rauhen Land an der Küste des Schwarzen Meeres. Er besaß vier feurige Stuten, die er mit Menschenfleisch fütterte. Diese Rosse waren mit Ketten an eine eherne Krippe geschmiedet, in welcher der Herrscher ihnen jeden zum Futter vorsetzte, der es wagte, die Grenzen des Reiches zu überschreiten. Herakles bekam von Eurystheus den schwierigen Auftrag, sie zu zähmen und an den Hof von Mykene zu führen.

Er brach sogleich in das ferne Nordland auf. Im Zweikampf erschlug er den barbarischen Diomedes und setzte den Rossen den Leichnam ihres eigenen Herrn zum Fraß vor. Auf diese Weise war der Bann gebrochen – die Tiere wurden willig und sanftmütig. So konnte der Held sie in aller Ruhe an den Hof des Eurystheus bringen, welcher sie der Hera weihte und freiließ. Man erzählt, daß sie herrenlos schweifend in der Gegend von Mykene grasten und Nachkommen ihres Geschlechts dort noch in der Zeit Alexanders des Großen zu finden waren.

Die Geschichte wird aber auch noch anders erzählt: Herakles sei nicht allein nach Thrakien gereist, sondern wollte die schwierige Aufgabe in Begleitung von Freiwilligen lösen. Unter diesen befand sich auch der junge Abderos, mit dem der Held eng befreundet war. Herakles selbst wurde leicht mit den Rossen des Diomedes fertig. Als aber der König mit seinen Männern anrückte, mußte er sich zum Kampf rüsten und vertraute die Stuten dem jungen und unerfahrenen Abderos an. Dieser war unachtsam und wurde von den wilden Tieren gefressen. Nach der Niederwerfung des Diomedes bekamen sie freilich gleich auch noch ihren alten Herrn als Futter vorgeworfen und waren danach leicht zähmbar. Herakles bereitete den Gebeinen des Abderos ein würdiges Begräbnis und gründete bei dem Grab eine Stadt, die fortan den Namen Abdera trug.

DER GÜRTEL DER HIPPOLYTE

Die Amazonen waren ein kriegerisches Volk von Frauen aus dem Geschlecht des Ares. Sie amputierten sich angeblich die rechte Brust, um beim Bogenschießen und Speerwerfen nicht behindert zu sein. Ihre Töchter stillten sie nur mit der linken Brust, die Knaben dagegen setzten sie aus. Sie lebten in den fernen und geheimnisvollen Ländern des Nordens an den Hängen des Kaukasosgebirges um die Hauptstadt Themiskyra herum. Die edelste unter ihnen war die Königin Hippolyte. Ihr Vater Ares hatte ihr einen kostbaren Gürtel als Zeichen der absoluten Macht verliehen, mit der sie ihr Volk regierte. Admete, die kleine Tochter des Eurystheus, bat darum, daß Herakles einen Feldzug gegen die Amazonen führen sollte, um den berühmten Gürtel für sie zu erobern.

Der Held rüstete ein Schiff und segelte in Begleitung einiger ausgewählter Freiwilliger davon, unter ihnen auch Theseus und Telamon. Als sie zur Amazonenstadt an der Mündung des Flusses Thermodon gekommen waren, wurden sie freundlich aufgenommen. Die Königin selbst wollte den hohen Besuchern den Gürtel gern als Gastgeschenk überreichen. Hätte doch nicht die neidische Hera alles verdorben und in Gestalt einer der kriegerischen Frauen den Streit vom Zaune gebrochen! Sie schlich sich verkleidet in die Reihen der Amazonen und streute das Gerücht aus, die Griechen seien gekommen, um die Königin zu rauben und zu entführen. So entspann sich ein erbitterter Kampf, der mit dem Tod der Hippolyte von der Hand des Herakles endete. Der Held konnte der Amazonenkönigin den kostbaren Gürtel rauben und der Admete bringen.

Bei diesem Abenteuer führte Herakles den sogenannten ersten oder kleinen trojanischen Krieg. Damals war Laomedon König von Troja. Er hatte einst die Götter Apollon und Poseidon betrogen. Für ihre Hilfe beim Bau der Burgmauern von Ilion, wie man Troja auch nannte, hatte er ihnen wundervolle Rosse als Geschenk versprochen, aber seinen Schwur nicht gehalten. Diese Pferde hatte er einst von Zeus persönlich erhalten. Nach der Fertigstellung der gewaltigsten Stadtmauern der damaligen Welt schickte Laomedon die beiden Götter ohne den versprochenen Lohn fort, die sich natürlich sogleich rächten: Apollon schickte den Trojanern die Pest und Poseidon ein schreckliches Meerungeheuer. Diese Plagen sollten erst dann ein Ende finden, wenn der König dem Untier seine eigene Tochter Hesione als Opfer überließe. Herakles griff in letzter Minute ein, erschlug die Bestie und rettete die schöne Königstochter. Aber auch er mußte sich den versprochenen Lohn, die Hand der Hesione, erst gegen den wortbrüchigen Laomedon erkämpfen. Hinterher gab er sie seinem Freund und Kampfgefährten Telamon zur Frau.

Laomedon und seine Söhne wurden zur Strafe erschlagen. Herakles ließ sich jedoch von Hesione dazu überreden, Podarkes am Leben zu lassen, den jüngsten Sproß des Königshauses, dessen Name ‚der Schnellfüßige' bedeutet. Zum Dank schenkte das Mädchen dem Helden einen Schleier, den sie selbst mit Gold bestickt hatte. Der junge Prinz bekam fortan einen neuen Namen: Priamos wurde er genannt, nach dem griechischen Wort ‚priamai', das heißt ‚befreien'. Er sollte der berühmteste der trojanischen Könige werden.

DIE RINDER DES GERYONEUS

Der dreileibige Barbar Geryoneus war ein Sohn des Chrysaor und Enkel der furchtbaren Gorgo Medusa. Er lebte im äußersten Westen der Welt auf der Insel Erythia im Okeanos. Dort besaß er eine riesige Rinderherde, die der Riese Eurytion mit Hilfe des zweiköpfigen Hundes Orthros hütete. Eurystheus befahl Herakles als nächste Aufgabe, nach Erythia zu ziehen und sich der Rinder zu bemächtigen, auch wenn er dabei Hüter und Besitzer umbringen müßte.

Das war leichter gesagt als getan, denn zunächst mußte der Held überhaupt in den fernen Westen gelangen und dabei den Okeanos überqueren. Dafür lieh er vom Sonnengott Helios den großen goldenen Kessel, mit dem dieser sich selbst jeden Abend einschifft, um wieder an den Ort des Sonnenaufganges zu gelangen. Zu diesem seltsamen Handel kam es folgendermaßen: Als Herakles auf seiner Reise durch die lybische Wüste zog, brannte die Sonne entsetzlich heiß auf ihn herunter und brachte ihn so in Wut, daß er Pfeile gegen das Himmelsgestirn richtete, um es herunterzuschießen. Der Sonnengott war von solchem Mut sehr beeindruckt und bat Herakles um Schonung. Der Held willigte unter der Bedingung ein, daß er den goldenen Kessel benutzen dürfte, um über das Meer nach Erythia zu kommen. So gelangte er schnell ans Ziel.

Herakles im Kampf mit dem dreileibigen Ungeheuer Geryoneus. Zeichnung nach einer Bronzefolie vom Armleder eines Schildes (um 550 v. Chr.), der aus dem Zeus-Heiligtum in Olympia stammt.
Olympia, Archäologisches Museum: Inv.-Nr. B 1975.

Gleich am Strand der Insel wurde er von dem wütenden Hund Orthros angefallen, den er aber nach kurzem Kampf mit seiner Keule erlegte. Sogleich traf er auf den Hirten der Herde, den mächtigen Eurytion, der seinem Hunde zur Hilfe eilte. Aber der Riese starb im Hagel von Herakles' Pfeilen. Zuletzt stellte sich ihm der Herr der Insel selbst entgegen. Dieser hatte drei Leiber, die in der Mitte des Rumpfes zusammengewachsen waren, und besaß die Kampfkraft dreier Helden. Aber auch er entging seinem Schicksal nicht.

So konnnte Herakles die Rinderherden in den goldenen Kessel laden und über das Meer wieder zurück nach Mykene reisen. Dort wurden die Rinder schließlich von Eurystheus der Hera geopfert.

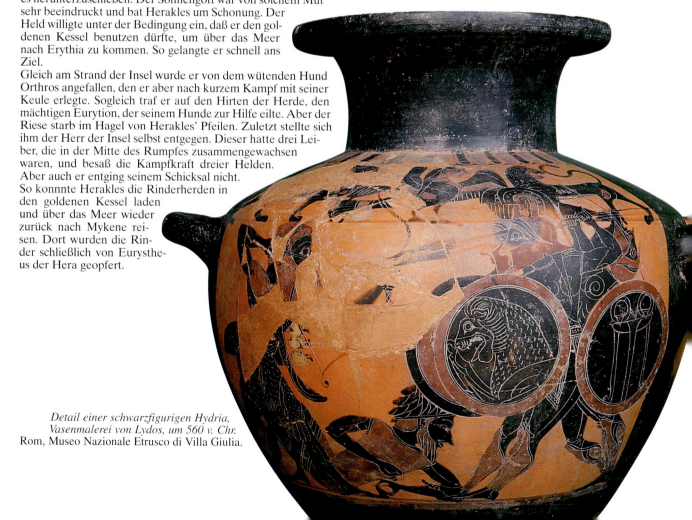

Detail einer schwarzfigurigen Hydria, Vasenmalerei von Lydos, um 560 v. Chr.
Rom, Museo Nazionale Etrusco di Villa Giulia.

*In Gegenwart seiner Schutzgöttin Athena versucht Herakles, den Höllenhund Kerberos, der den Eingang des Hades bewacht, zu bändigen und an die Kette zu legen. Attische Amphora des sogenannten Andokides-Malers, der oft die gleiche Szene auf Vorder- und Rückseite in rot- und schwarzfigurigem Stil darstellte: Episode in rotfigurigem Stil, um 520 v. Chr.
Paris, Louvre: Inv.-Nr. F 204.*

*Herakles kämpft mit dem greisen Meeresgott Nereus, um von ihm zu erfahren, wo sich der Zaubergarten der Hesperiden befindet. Zeichnung nach einer Bronzefolie vom Armleder eines Schildes (um 550 v. Chr.), der aus dem Zeus-Heiligtum in Olympia stammt.
Olympia, Archäologisches Museum: Inv.-Nr. B 1881d.*

DER HÖLLENHUND KERBEROS

Die vorletzte Aufgabe bestand darin, in die Unterwelt hinabzusteigen und den Kerberos zu fangen. Diese schreckliche Bestie bewacht den Eingang in das Reich des Todes und läßt keinen der Lebenden dorthin vordringen und vor allem niemanden unter Toten je wieder von dort zurückkehren. Kerberos hat mehrere Köpfe, meist wird von dreien gesprochen, einen Schwanz in Gestalt einer giftigen Schlange und eine Reihe weiterer Schlangen auf dem Rücken. Es war klar, daß Herakles den Höllenhund ohne die Hilfe der Götter nicht besiegen konnte. Zunächst er ließ sich in die geheimen Mysterien von Eleusis einweihen. Diese lehrten die Menschen, wie man nach dem Tode heil und unversehrt ins Jenseits gelangt. Dann stieg er mit Hilfe von Hermes und Athena in das dunkle Schattenreich des Hades hinab. Der Unterweltsgott gestattete dem berühmten Helden, den Höllenhund vorübergehend auf die Erde zu bringen. Herakles mußte ihn aber ohne Waffen bezwingen. Er nahm den Kampf auf und rang auch diese Bestie mit eigenen Händen nieder. Als er den Kerberos an den Hof von Mykene gebracht hatte, war Eurystheus von dem gänzlich unerwarteten Erfolg der Mission entsetzt. Völlig verwirrt befahl er einfach, das Untier wieder in die Unterwelt zurückzubringen. Während der Reise in das Reich der Schatten begegnete Herakles den beiden Helden Theseus und Peirithoos, welche sich hierher gewagt hatten, um Persephone zu befreien und für immer auf die Erde zurückzubringen. Hades hatte sie dafür bestraft, indem er sie an einem Felsen festkettete. Es gelang Herakles, wenigstens Theseus zu befreien, Peirithoos aber mußte für seine Anmaßung auf ewig im Schattenreich bleiben.

Herakles befreit den an den Kaukasusfelsen geschmiedeten Titanen Prometheus von der schmachvollen Bestrafung durch Zeus, die darin besteht, daß ein Adler ihm die ständig nachwachsende Leber abfrißt. Zeichnung nach einem attischen Krater, der dem sogenannten Nektos-Maler zugeschrieben wird (um 610 v. Chr.).
Athen, Archäologisches Nationalmuseum: Inv.-Nr. 16384.

DIE ÄPFEL DER HESPERIDEN

Als letzte Prüfung sollte Herakles die Äpfel der Hesperiden holen, der Nymphen des Westens. Bei der Vermählung von Zeus und Hera hatte einst das göttliche Paar von der Erdgöttin Gaia einige Goldäpfel als Hochzeitsgabe geschenkt bekommen. Der Braut gefielen die schönen Früchte so gut, daß sie diese in ihre Gärten am Fuße des Atlasgebirges einpflanzen ließ, so daß aus ihnen Bäume sprossen. Aber die Töchter des Riesen Atlas konnten es nicht lassen, in den Park einzudringen, um heimlich einige der Zauberfrüchte zu ernten. Daher beschloß Hera schließlich, einen unsterblichen Drachen mit hundert Köpfen zum Wächter zu bestellen, einen Nachkommen der Echidna.

Die größte Schwierigkeit bestand für Herakles zunächst darin, den verschwiegenen Garten überhaupt zu finden. Er wußte anfangs nicht einmal, daß er dort zu suchen ist, wo der Erdkreis gegen Westen sein Ende findet. So machte er sich auf den Weg und erschlug in Thessalien den

Im Kampf mit Antaios legt Herakles alle Waffen ab, da der Riese nur bezwungen werden kann, wenn er mit bloßen Händen von der Erde, seiner Mutter, aus der er seine Kraft bezieht, hochgehoben wird. Dem Kampf wohnen Athena, die für Herakles Partei nimmt, und eine andere Gottheit bei, möglicherweise Gaia selbst, die um das Schicksal ihres Sohnes bangt. Zeichnung nach einer schwarzfigurigen Hydria (um 510 v. Chr.).
Boulogne-sur-Mer, Museum.

Herakles übernimmt vorübergehend die Bürde des Titanen Atlas und lädt sich das Himmelsgewölbe auf die Schultern; dafür will Atlas ihm die Äpfel aus dem Zaubergarten der Hesperiden holen. Metope des Zeus-Tempels in Olympia, eine Skulptur des sogenannten Meisters von Olympia, um 460 v. Chr. Olympia, Archäologisches Museum: Metope Nr. 10.

Wegelagerer Kyknos, einen Sohn des Ares. Dieser Räuber pflegte alle Reisenden, derer er habhaft werden konnte, zu überfallen und seinem Vater, dem Kriegsgott, als Opfer darzubringen. Zeus verhinderte, daß Ares dafür sogleich blutige Rache nahm. Als der Held nach Illyrien gekommen war, begegnete er an den Wassern des Eridanos den Flußnymphen. Diese verrieten ihm, daß allein der Meeresgott Nereus zu sagen vermochte, wie man zu dem Zaubergarten gelangte.

So kam Herakles zu Nereus, der sich aber weigerte, ihm zu helfen. Daher mußte er Gewalt anwenden, um ihn zur Hilfe zu zwingen. Nereus sträubte sich heftig und nahm mancherlei Gestalt an, um sich dem eisernen Griff seines Gegners zu entziehen. Aber Herakles ließ nicht locker, und schließlich mußte der Meeresgott ihm den Weg ins Land der Hesperiden verraten.

Auf seiner Reise mußte der Held in Libyen den Kampf mit dem Riesen Antaios bestehen, einem Sohn des Poseidon. Dieser forderte jeden Vorüberziehenden zum Ringkampf auf, erwürgte seinen Gegner und schmückte mit den Gebeinen den Tempel seines göttlichen Vaters. In Ägypten prügelte sich Herakles mit dem grausamen König Busiris und seinen Untertanen, die den Helden in Ketten legten und als Schlachtopfer zum Altar führten. Aber die eisernen Fesseln konnten ihn nicht im Zaum halten. Er sprengte sie, riß sich die heiligen Opferbinden vom Leib und verscheuchte seine Widersacher.

Bei der Reise durch den Kaukasos befreite Herakles den Titanen Prometheus von seiner Schmach. Ihn hatte Zeus dazu verurteilt, an die Felsen geschmiedet jeden Tag in banger Furcht auf den Adler des Götterkönigs zu warten, der ihm bei lebendigem Leibe ein Stück aus der Leber fraß. Als Zeichen des Dankes für seine Erlösung verriet der Titan, daß Herakles nicht selbst die Äpfel der Hesperiden pflücken sollte. Besser sollte er sich an den Bruder des Prometheus um Hilfe wenden, den Riesen Atlas. Als der Held endlich in das ferne Land im Westen gelangt war, suchte er Atlas sogleich auf, der von den olympischen Göttern dazu verdammt war, auf alle Zeiten das Himmelgewölbe auf seinen Schultern zu tragen. Herakles bot sich an, ihm eine zeitlang die schwere Last abzunehmen, wenn der Titan an seiner Stelle in den Garten der Hesperiden gehen und drei der goldenen Äpfel pflücken würde. Das tat Atlas gern.

Aber als der Riese zurückkehrte, wollte er nicht mehr seine Bürde schultern, sondern die Zauberfrüchte selbst zu König Eurystheus bringen. Herakles täuschte klug: «Ich bin ganz ganz einverstanden, aber nimm mir bitte nur noch für einen Moment das Gewicht von den Schultern. Es drückt nämlich unangenehm und ich möchte mir nur ein Kissen bequem auf dem Nacken zurechtschieben. Dann will ich die ehrenvolle Aufgabe gern weiterführen.» Der Riese durchschaute den Trug nicht und übernahm das Himmelsgewölbe wieder, so daß Herakles frei war und fröhlich nach Mykene zurückkehrte. Eurystheus empfing freudig die goldenen Äpfel, nachdem er sie jedoch gebührend bewundert und sich an ihnen erfreut hatte, wußte er nichts Rechtes damit anzufangen und gab sie dem Helden zurück. Dieser weihte sie seiner Schutzgöttin und Ratgeberin Athena. Eigentlich verbot aber ein göttliches Gesetz, daß die Zauberfrüchte sich woanders als in ihrem heimatlichen Garten befinden dürften. Daher brachte die Göttin sie in das Land der Hesperiden zurück.

Herakles aber hatte seine Pflicht gegen Eurystheus erfüllt und konnte ziehen, wohin er wollte.

Herakles erschlägt Busiris und seine ägyptischen Priester, die sich bereits anschicken, ihn als Schlachtopfer auf den Altar zu schleppen. Die Ägypter sind an ihrem kahlgeschorenen Kopf, den negroiden Gesichtszügen und der Beschneidung erkennbar. Um 460 v. Chr. bemalte, rotfigurige Pelike eines Athener Künstlers, der unter dem herkömmlichen Namen Pan-Maler bekannt ist.
Athen, Archäologisches Nationalmuseum: Inv.-Nr. 9683.

Herakles und Deianeira

Der Schatten des toten Helden Meleager hatte Herakles einst bei seinem Besuch in der Unterwelt geraten, um die Hand seiner Schwester zu werben, der herrlichen Deianeira. So heiratete der Held die schöne Königstochter aus Kalydon. Aber vorher mußte der Held noch mit einem Nebenbuhler fertig werden, nämlich mit dem Flußgott Acheloos. In Bildern wird dieser meist in seiner Erscheinung als Stier mit einem menschlichen Gesicht gezeigt.

Herakles wurde bald darauf aus der Stadt Kalydon verbannt, weil er, ohne es zu wollen, einen Verwandten des Königs getötet hatte. Er zog mit seiner jungen Braut fort und kam an das Ufer des Flusses Euenos, wo der Kentaur Nessos die Reisenden auf seinem Rücken durch die Furt brachte. Als er Herakles übergesetzt hatte, kehrte er auf die andere Seite des Stromes zurück, um sich auch Deianeira aufzuladen. Aber mitten im Strom überkam ihn die Versuchung, sich an dem Mädchen zu vergreifen. Er stürmte mit ihr fort, um sie zu entführen. Herakles zögerte keinen Augenblick und tötete den schamlosen Kerl mit einem gezielten Pfeilschuß. Nessos wollte sich noch im Tode rächen und gab Deianeira einen tückischen Rat: «Wenn einmal der Tag kommt, daß dein Mann dich nicht mehr liebt, kannst du seine Gefühle ganz einfach wieder erwecken. Aus dem Blut meiner tödlichen Wunde vermagst du ein unfehlbares Mittel für den Liebeszauber herzustellen.» Das Mädchen erkannte nicht, welche Arglist hinter diesem falschen Ratschlag steckte, und sammelte ein wenig von dem Lebenssaft des wilden Kentauren.

Nach vielen Jahren wurde die Rache des Nessos wahr. Es geschah nämlich, daß sich Herakles in Iole, die Tochter des Königs Eurytos von Oichalia, verliebte und die arme Deianeira verstoßen wollte. Diese tränkte ein Gewand mit dem vorsorglich aufbewahrten Blut des Kentauren und schenkte es ihrem Mann. So glaubte sie, ihn ewig an sich binden zu können. Kaum hatte der Held das Geschenk angenommen und sich das Kleid übergestreift, da spürte er ein Brennen auf der Haut, das ständig schlimmer wurde, bis er es vor Schmerz nicht mehr aushielt. Die giftgetränkten Fasern fraßen sich ätzend in sein Fleisch. Zuletzt war der große Held in seiner Qual ganz von Sinnen. Er beschloß, sich selbst lebendig auf einem Scheiterhaufen zu verbrennen und so seinem Leiden durch den Tod zu entrinnen.

Herakles tötet den Kentauren Nessos, der seine holde Frau Deinaeira verführen will, indem er ihm einen gewaltigen Fußtritt in den Rücken versetzt und ihn dann mit seinem Dolch ersticht. Monumentale, schwarzfigurige attische Grabamphora des sogenannten Nessos-Malers, um 600 v. Chr. Athen, Archäologisches Nationalmuseum: Inv.-Nr. 1002.

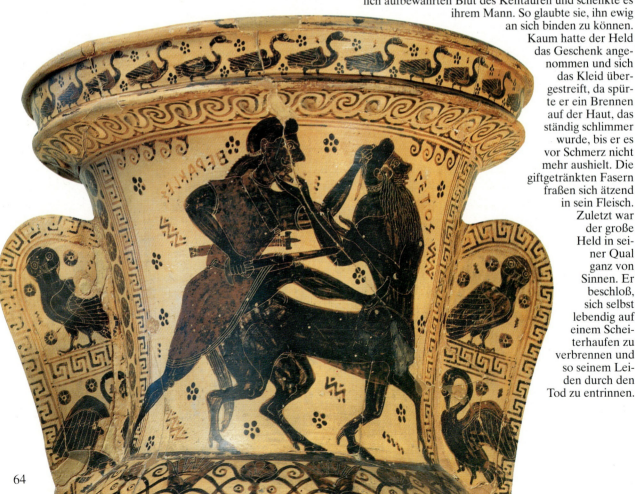

HERAKLES WIRD UNTER DIE GÖTTER ENTRÜCKT

Der Held flehte viele seiner Gefährten an, ihm den Holzstoß zu errichten, der ihm den erlösenden Tod bringen sollte. Allein sein Freund Philoktet war schweren Herzens bereit, ihm diesen Wunsch zu erfüllen. Zum Dank für die Erfüllung bitterer Freundespflicht bedachte Herakles ihn mit seinen unfehlbaren Schußwaffen, den Pfeilen und dem berühmten Bogen. Philoktet türmte einen großen Haufen aus Reisig und Holz übereinander, auf den sich der von Schmerzen gekrümmte Dulder legte, und zündete schließlich das Totengerüst an.

Während der Holzstoß aufflammte, öffnete sich auf einmal wunderbar der Himmel, und Athena erschien mit einem Gespann. Sie nahm den Helden, der seine strahlende Erscheinung wiedergewonnen hatte, auf den Wagen und brachte ihn auf den Olymp vor das Angesicht des Götterkönigs Zeus.

Dort weilt er nun als Unsterblicher unter den Göttern. Er schloß bald sogar mit Hera Freundschaft. Schließlich hatte er ja Seite an Seite mit ihr und den anderen Göttern gegen die Giganten gekämpft. Von seinem Vater Zeus erhielt er die Gabe ewiger Jugend und eine göttliche Braut, die wunderbare Hebe. Diese bewirtet die Götter an ihrer Tafel, wo auch Herakles nun seinen Platz hat.

Oben, Herakles bei einem Bankett am Hofe des Königs Eurytos, wo sich der Held in Iole verliebt und aus diesem Grund später seine rechtmäßige Frau verstößt. Zeichnung nach einem schwarzfigurigen Kolonettenkrater aus korinthischer Produktion (um 600 v. Chr.). Paris, Louvre: Inv.-Nr. E 635.

Rechts, Detail der Giebeldekoration (um 580 v. Chr.) eines Tempels, der auf der Akropolis in Athen stand; dargestellt ist Herakles im Kampf mit dem Seeungeheuer Triton. Athen, Akropolis-Museum.

Der junge Phrixos, ein Sohn des Königs Athamas und der Nephele, flieht vor den Verfolgungen der Stiefmutter Ino, die ihn und seine Schwester Helle töten will, indem er sich auf dem Rücken des sagenhaften Widders mit dem goldenem Fell festklammert, den Hermes seiner Mutter Nephele zum Geschenk gemacht hatte. Dank dieser List können Phrixos und Helle der Gefahr entgehen und zum Schwarzen Meer flüchten. Detail einer rotfigurigen attischen Pelike, um 460 v. Chr. Athen, Archäologisches Nationalmuseum.

DIE ARGONAUTEN

Der böotische König Athamas war ein Sohn des Windgottes Aiolos. Seine erste Frau war die göttliche Nephele (‚die Wolke'). Sie hatten zwei Kinder. Der Knabe hieß Phrixos, das heißt auf deutsch ‚der prasselnde Regen', das Mädchen nannte man Helle oder ‚das lebendige Licht'. Athamas verliebte sich jedoch bald in ein anderes Mädchen, die wunderschöne Ino. Daher verstieß er seine erste Frau, um die neue Geliebte zu heiraten, eine Tochter des Thebanerkönigs Kadmos. Nephele war außer sich vor Wut und rächte sich, indem sie eine schreckliche Dürre über das Land kommen ließ.

DAS GOLDENE VLIES

Ihre Nebenbuhlerin Ino wollte diese Gelegenheit beim Schopf packen und streute das Gerücht aus, daß man den göttlichen Zorn nur durch ein Menschopfer besänftigen könnte. Der König müsse seine Kinder dem Tode weihen und die Dürre würde sogleich vorübergehen. So wollte sie die Kinder ihres Mannes aus erster Ehe aus dem Weg schaffen.
Nephele kam jedoch ihren Sprößlingen zu Hilfe und schickte ihnen einen Widder mit goldenem Fell, den sie von Hermes erhalten hatte. Auf dem Rücken dieses Wundertieres entflohen die Königskinder aus ihrer Heimat und schlugen den Weg ins ferne Kolchis ein, eine wilde Berggegend am östlichen Ende des Schwarzen Meeres. Auf der Reise geschah jedoch ein Unglück: Helle wurde auf einmal vom Schwindel gepackt und stürzte in das Meer, das seitdem das Meer der Helle' genannt wird, oder auf griechisch: der Hellespont.

Als Phrixos am Ziel der Reise angekommen war, opferte er Zeus den Widder und rief den Götterfürsten als Schutzherren der Flüchtlinge um Hilfe an. Das goldene Fell des Tieres hängte er im heiligen Hain des Ares auf und sorgte dafür, daß fortan ein Drache die schimmernde Göttergabe bewachte. Alle Welt sprach bald von dem berühmten goldenen Vlies im Lande Kolchis.

Jason und Pelias

Zu Jolkos im Lande Thessalien herrschte der König Pelias. Er sollte das Regiment allerdings nur solange führen, wie sein Neffe Jason, der rechtmäßige Erbe des Throns, noch minderjährig war. Ihn hatte man jedoch möglichst weit vom Hof weggeschickt und dem Kentauren Chiron zur Erziehung anvertraut.

Eigentlich rechnete kaum mehr jemand mit seiner Rückkehr, als der zum Manne gereifte Thronfolger plötzlich wieder auftauchte. Pelias feierte gerade ein Opferfest. In ein Pantherfell gehüllt und mit nur einer Sandale an den Füßen bot Jason ein seltsames Bild. Pelias erkannte den Neffen zunächst nicht, aber er erinnerte sich an eine alte Weissagung, daß er einmal von einem Mann mit nur einem Schuh entthront würde. Pelias sah nur einen Ausweg: Er schickte Jason aus, das goldene Vlies zu gewinnen und nach Jolkos zu bringen. Wahrscheinlich würde er an der großen Aufgabe tödlich scheitern und Pelias' Herrschaft wäre nicht bedroht.

Der Argonautenzug

Jason sandte Herolde aus, um ruhmesgierige Helden aus ganz Griechenland für das Unternehmen zu gewinnen. Für diese Mannschaft rüstete er ein Schiff, das nach dem Namen seines Erbauers Argo genannt wurde, das heißt ‚das Schnelle'. Daher heißen die mutigen und unerschrockenen Männer, die an dem Zug in das ferne Land teilnahmen, die Argoschiffer oder Argonauten. Unter ihnen waren viele, die in der Wahrsagekunst bewandert waren. Auch das Schiff selbst war, wie ein lebendes Wesen, ein Meister der Zeichendeutung. Seinen Rammsporn hatte Athena selbst aus einer Eiche im heiligen Hain des Orakelheiligtums von Dodona gehauen.

Die Reise nach Kolchis war lang und voller Abenteuer. Die Argonauten zogen an vielen Ländern vorbei und begegneten seltsamen und unbekannten Völkern. Als sie endlich am Ziel ihrer Fahrt angekommen waren, wurden sie gastfreundlich von König Aietes aufgenommen. Ihr Heldenruhm war ihnen schon vorausgeeilt, und der Herrscher zeigte sich dazu bereit, das goldene Vlies preiszugeben. Aber zuvor mußte Jason zwei wilde Stiere unter ein Joch spannen, Tiere mit ehernen Hufen, welche Feueratem aus ihren Nüstern bliesen. So sollte er einen Acker pflügen, in den er anschließend dann die Zähne eines schrecklichen Drachen säen mußte. Insgeheim hoffte Aietes natürlich, daß der fremde Held bei dieser Aufgabe scheitern würde.

Der Drache, der das magische und kostbare Vlies bewacht, speit auf den göttlichen Befehl Athenas Jason wieder aus, den das Ungeheuer soeben verschlungen hat. Zeichnung nach dem zentralen Rundbild einer rotfigurigen Schale des Athener Malers Duris, um 470 v. Chr.
Vatikanische Museen: Inv.-Nr. 16545.

MEDEAS ZAUBER UND LEIDENSCHAFT

Auf sich allein gestellt hätte Jason die beiden übermenschlichen Taten nicht vollbringen können, die ihm Aietes aufgetragen hatte. In dieser schwierigen Lage fand sich unverhoffte Hilfe: Die Königstochter Medea hatte sich in den prächtigen Helden verliebt und wollte ihm zur Seite stehen, eine Frau die nicht nur schön und klug war, sondern sich auch auf manche Zauberkünste verstand.

Sie rührte eine magische Salbe, durch die Jason gegen den Feueratem der Stiere unverwundbar war. «Hüte dich! Aus den Drachenzähnen wachsen in kürzester Zeit erzgewappnete Krieger hervor, gegen du dich sofort zur Wehr setzen mußt. Wirf gleich einen Stein in ihre Mitte!» lautete der heimliche und dunkle Rat Medeas. Als Jason den Widersachern gegenüberstand, warf er einen Felsbrocken zwischen die Krieger und sofort begannen diese, sich darum zu streiten, als wäre es eine Kostbarkeit. So brachten sich die Stumpfsinnigen gegenseitig um.

Unter dem Versprechen ewiger Liebe und Ehe ließ sich Medea dazu überreden, zusammen mit Jason zu fliehen, nachdem sie das goldene Vlies fortgenommen hatten. Als Aietes entdeckte, was geschehen war, brach er mit seiner Flotte sofort zur Verfolgung auf. Er war den Fliehenden schon sehr nahe gekommen, als Medea eine böse List anwendete. Sie warf die zerrissenen Gebeine ihres Brüderchens Absyrtos ins Meer. Der arme Vater sammelte die zerfetzten Glieder ein und hielt ein trauriges Begräbnis ab. So verlor er die Spur der Liebenden.

Auf dem Heimweg nach Griechenland sandte Zeus den Argonauten ein furchtbares Unwetter, denn er war über den frevelhaften Mord an dem kleinen Absyrtos erzürnt. Die Argo trieb lange im Sturm und kam weit von ihrem Kurs ab. Sie war schon schwer beschädigt, als sie auf einmal zu sprechen begann und enthüllte, daß der Zorn des Göttervaters über den Tod des Knaben besänftig werden müßte. Dafür zogen die Argonauten zur Insel der Zauberin Kirke vor der Küste Italiens, einer Tante der Medea, um von ihr zeremoniell entsühnt zu werden. Kirke tat zwar, was von ihr verlangt wurde, aber sie konnte es nicht über sich bringen, ihnen auch noch die Gastfreundschaft anzubieten.

So stach die Argo zu einer monatelangen Fahrt in See. Die Helden segelten durch die Straße von Messina an Sizilien vorbei nach Korfu, dann über Kreta, Ägina und Euböa in den Heimathafen Jolkos.

Medea zeigt den Töchtern des Pelias am Beispiel eines Widders, den sie mit magischen Kräutern in einem Bronzekessel kocht, wie man jemanden verjüngen kan, und rät ihnen, mit ihrem Vater dasgleiche zu tun. Die Zauberin will auf diese Weise Pelias bestrafen, weil er sein Versprechen nicht gehalten hat, Jason nach erfolgreicher Expedition seinen Thron zu überlassen. Zeichnung nach einer schwarzfigurigen Hydria, um 510 v. Chr. London, British Museum: Inv.-Nr. B 328.

*Aithra, die Mutter des Theseus, war während des Trojanischen Krieges in Gefangenschaft geraten und als Sklavin in die Stadt geführt worden. Erst am Ende der lange währenden Belagerung kann sie befreit werden, als die Griechen durch die List des Trojanischen Pferdes in die Stadt eindringen und Theseus' Söhne, Akamas und Demophoon, ihre inzwischen alte und geschwächte Großmutter aus der feindlichen Stadt herausführen. Zeichnung nach einem rotfigurigen Kelchkrater, den der Athener Vasenmaler Myson um 500 v. Chr. ausführte.
London, British Museum: Inv.-Nr. E 458.*

MEDEA UND JASON IN GRIECHENLAND

Das Wanderleben Jasons war jedoch damit noch nicht beendet. Obwohl König Pelias das goldene Vlies erhalten hatte, machte er sein Versprechen nicht wahr, den Thron für Jason zu räumen. Wieder einmal stand nun Medea ihrem Gatten zur Seite. Sie machte den Töchtern des Königs Pelias weis, wenn sie ihren eigenen Vater in Stücke schneiden und mit magischen Kräutern in einem Bronzekessel kochen würden, werde er daraus verjüngt wieder hervorsteigen. Sie zeigte ihnen mit einem Widder, daß der Zauber wahrhaftig funktionierte. Als aber die Peliaden den zerstückelten Vater in den scheinbaren Zaubertrank warfen, schwammen nur blutige Fleischstücke im Topf, mit denen sich nichts tat. So war der Tyrann aus dem Weg geräumt. Aber Jason und Medea wurden als Verschwörer aus dem Land gejagt und mußten vor der Rache des Peliassohnes Akastos nach Korinth fliehen.

In Korinth weihte Jason die Argo im Heiligtum des Poseidon am Isthmos. Schon bald nach der Ankunft fiel sein Auge auf Glauke, die schöne Tochter des Königs Kreon, und er wollte Medea verstoßen. Die Zauberin rächte sich furchtbar für diese Untreue. Sie sandte der Braut ein Gewand und eine Krone, die beide vergiftet waren. Kaum hatte sich das Mädchen mit diesen Gaben geschmückt, überfiel sie eine beißende Pein am ganzen Körper und ihr Leib verbrannte. Jason wurde vor Trauer fast wahnsinnig und verfolgte Medea. Aber diese tötete auf der Flucht ihre beiden von ihm empfangenen Kinder und entschwand auf einem von Schlangen gezogenen Zauberwagen in die Lüfte. Dieses Gefährt hatte ihr der Sonnengott Helios geschenkt. Wir werden von Medeas weiterem Schicksal noch in der Geschichte von Theseus hören.

THESEUS, DER HELD DER ATHENER

Theseus gilt als der attische Held schlechthin. Er war der Sohn des Königs Aigeus und der Aithra, einer Tochter des Königs Pittheus von Troizen auf der Peloponnes. Manchmal wird Theseus auch als Sohn des Poseidon angesehen.
Seine frühe Jugend verbrachte er am Hofe des Großvaters in Troizen, denn Aigeus wollte ihn nicht bei sich in Athen haben. Er fürchtete, daß die fünfzig Söhne des Pallas, seine eigenen Vet-

Oben: Luftaufnahme des Ausgrabungsgeländes des Poseidon-Heiligtums in Isthmia, in der Nähe des Isthmos, der später für den Bau des Kanals von Korinth eingeschnitten wurde. Der Überlieferung nach hatte Jason das Argoschiff im Heiligtum von Isthmia geweiht, um eine glückliche Rückkehr zu erbitten.

Nebenstehendes Foto: die Ruinen der Agora von Korinth, die von den mächtigen monolithischen Säulen des Apollontempels überragt wird.

tern, ihm nach dem Leben trachten könnten. Die Familie des Pallas schielte nämlich nach dem athenischen Königsthron.

Als Aigeus von Troizen aufbrach, ließ er dort unter einem großen Felsblock sein Schwert und seine Sandalen zurück. Er vertraute dies Geheimnis allein seiner Gattin Aithra an. Sie sollte Theseus erst dann etwas davon erzählen, wenn der Knabe alt genug wäre, diesen Stein selbst aufzuheben. Dann sollte er sich frisch gerüstet zu seinem Vater auf den Weg machen.

DIE ABENTEUER AUF DER REISE NACH ATHEN

*Zeichnung eines Details einer rotfigurigen Schale mit dem Zyklus der Unternehmen des Theseus, die der Athener Maler Duris um 470 v. Chr. ausführte und die in Vulci gefunden wurde. Die Darstellung zeigt auf der einen Seite den Helden, der das Wildschwein von Krommyon tötet, während eine alte Frau namens Phaia, die das Tier gehütet hatte, versucht, ihn zurückzuhalten; auf der anderen Seite bestraft Theseus den Räuber Sinis, indem er ihn auf die gleiche Weise sterben läßt, die er seinen Opfern zugedacht hatte.
London, British Museum: Inv.-Nr. E 48.*

Bevor der halbwüchsige Theseus nach Athen aufbrach, ermahnten ihn Mutter und Großvater flehentlich, den Seeweg zu nehmen. Der große Heros der Peloponnes, Herakles, war auf weiter Reise, und so wimmelte das Land nur so von Räubern und Unholden. Aber Theseus war begierig, es dem Herakles gleichzutun und Heldentaten zu vollbringen. So suchte er geradezu die Gefahr der unsicheren Landstraßen. Der berüchtigte Weg über den Isthmos von Korinth konnte ihn nur reizen.

Er war gerade in der Nähe von Epidauros angelangt, als er den mißgestalteten Periphetes traf, einen Sohn des Gottes Hephaistos. Dieser Kerl stützte sich beim Gehen immer auf seine riesige eherne Keule, mit der er jeden erschlug, der auf der Straße in seine Reichweite kam. Theseus machte mit ihm kurzen Prozeß und erstach ihn mit seinem Schwert. Die Keule nahm er mit und führte sie von nun an als Waffe.

Auf dem Isthmos von Korinth begegnete er dem nächsten Wegelagerer, dem Räuber Sinis. Sinis wurde auch ‚der Fichtenbeuger' genannt, weil er die Wanderer, die in seine Gewalt fielen, an den Wipfeln zweier großer Pinien festband, die er bis zum Boden herabbeugte. Dann ließ er die Bäume mit Schwung wieder hochschnellen, so daß die Ärmsten in der Luft zerrissen wurden. Theseus ließ ihn dasselbe Schicksal erleiden.

Als der Held in den Wald von Krommyon gelangt war, stieß er auf die krommyonische Sau, ein Wildschwein, das Menschen niedermetzelte und Ernten verwüstete. Sie war, wie viele Ungeheuer, vermutlich ein Nachkomme des Typhon und der Echidna. Eine alte Frau namens Phaia hütete das Tier, welches denselben Namen trug. Theseus erschlug das Wildschwein kurzerhand mit seinem Schwert.

In der Nähe von Megara traf er auf einen Räuber mit Namen Skiron, einen Sohn des Poseidon, der die Vorüberziehenden zwang, ihm die Füße zu waschen. Wenn diese sich zu dem ungelieb-

Zeichnung der Seite B der auf vorstehender Seite wiedergegebenen rotfigurigen Schale. Hier bestraft der Held Theseus in Gegenwart seiner Schutzgöttin Athena zwei Räuber auf die gleiche Art, die sie ihren Opfern zugedacht hatten. Skiron stürzt er vom Felsen herab und läßt ihn den gleichen Tod sterben wie unzählige seiner Opfer, die er dazu gezwungen hatte, ihm die Füße zu waschen, und die er dann ins Meer warf, wo sie von einer Seeschildkröte verschlungen wurden. Kerkyon erwürgte er im Ringkampf, ein Schicksal, das alle Vorüberziehenden erlitten hatten, die er zum Zweikampf herausgefordert hatte.

ten Tun niederbeugten, versetzte er ihnen einen Tritt, so daß sie über die Felskante in die Tiefe stürzten, wo eine riesige Schildkröte sie auffraß. Theseus ließ auch diesen Wüterich dasselbe Schicksal erleiden, das er seinen Opfern zugedacht hatte.

Bei Eleusis, nicht weit von der Grenze zwischen Attika und der Gegend von Megara, besiegte Theseus den Riesen Kerkyon, der alle Reisenden zum Ringkampf aufforderte und dabei erwürgte. Obwohl dieser an Wuchs und Körperkraft dem jugendlichen Helden weit überlegen war, zeigte sich Theseus im Kampf geschmeidiger als der massige Gegner. Es gelang ihm, den Riesen in die Luft zu wirbeln und am Boden zu zerschmettern.

Auf dem weiteren Weg von Megara nach Athen begegnete Theseus dem Räuber Damastes, den man auch Prokrustes, den Strecker, nannte. Dieser pflegte den Wanderern ein schreckliches Quartier zu bieten. Er besaß nämlich zwei Betten, ein kurzes und ein langes, denen er seine Gäste in grausamer Weise anpaßte. War der Reisende großen Wuchses, so legte Prokrustes ihn auf die kleine Lagerstatt und sägte ihm die überstehenden Glieder ab. War er aber eher klein, so mußte er auf das größere Lager, und der gewalttätige Prokrustes streckte ihn mit brutaler Kraft auseinander, bis er den Geist aufgab. Theseus bereitete auch diesem Unhold die verdiente Strafe, indem er ihn in das kleine Bett legte und die Beine abhackte, daß der Schurke jämmerlich zugrunde ging.

Aus all diesen mörderischen Abenteuern war Thesus durch seinen Mut als Sieger hervorgegangen. Er war freilich mit so viel Blut besudelt, daß er sich von den Priestern am Ufer des Flusses Kephissos in einer Zeremonie aussühnen ließ. Vorher wollte er das Land seiner Väter nicht betreten und in die Burg seines Vaters Aigeus einziehen.

Den Athenern gab er sich nicht gleich zu erkennen, denn er wußte, daß Aigeus den Künsten der Medea erlegen war, die sich aus Korinth nach Athen geflüchtet hatte. Die Zauberin erkannte Theseus jedoch vor allen anderen als Königssohn und Thronfolger. Sie heckte einen bösen Plan aus, um den jungen Helden loszuwerden, der ihre Macht am Hofe vereitelt hätte. Insgeheim hatte sie sich schon auf die Seite der Söhne des Pallas geschlagen, die nach Aigeus Tod die Herrschaft an sich reißen wollten.

Theseus wollte gerade einen Becher mit Wein an den Mund setzen, in den Medea ein starkes Gift geträufelt hatte, da erkannte Vater Aigeus auf einmal seinen Sohn an dem Schwert und den Sandalen, die er ihm einst in Troizen hinterlassen hatte. Er schlug ihm sofort den tödlichen Napf aus der Hand. Medea aber wurde aus dem Land gejagt und die Verschwörung aufgedeckt. Die Söhne des Pallas wurden teils getötet, teils in die Verbannung geschickt.

DAS KRETISCHE ABENTEUER

So errang Theseus zusammen mit seinem Vater die unangefochtene Herrschaft in Athen. Die Stadt litt damals schwer unter dem Tribut, den sie dem kretischen König Minos zahlte. Alle neun Jahre mußten die Athener nämlich sieben Jünglinge und sieben Mädchen nach Kreta schicken, die von dem mißgestalteten Sohn des Königshauses, dem Minotauros, verschlungen wurden. Dieser hatte den Leib eines Menschen, aber den Kopf eines Stieres und hauste im Labyrinth, einem finsteren Bau, der als Irrgarten angelegt war.

Theseus meldete sich als Freiwilliger für die Fahrt mit den unschuldigen Opfern für das kretische Ungeheuer. Er hoffte, daß er den Minotaurus töten und so seine Stadt vor dem Alptraum des furchtbaren Tributes schützen könnte. Vor der Abfahrt versprach er Aigeus: «Wenn alles gut geht, setzen wir bei der Rückfahrt weiße Segel. Sollte das Unternehmen scheitern, läßt die Mannschaft beim Einlaufen in den Heimathafen die schwarzen Trauersegel am Mast.»

In Kreta hatte Theseus großes Glück, denn Aphrodite entflammte das Herz der Königstochter Ariadne für ihn. Das Mädchen spazierte gerade in Begleitung ihrer Amme am Meer entlang, als das athenische Schiff mit Theseus am Bug auftauchte. Ariadne beschloß sogleich, daß sie dem herrlichen Jüngling helfen wollte. Heimlich traf sie sich mit ihm und verriet, wie er sich im Labyrinth zurechtfinden könnte: sie gab ihm ein Wollknäuel, das er in den Irrgängen abwickeln sollte, um den Weg hinaus ins Freie wiederzufinden. So schritt er mutig durch den dunklen Irrgarten, bis er den Minotauros gefunden hatte, und erschlug ihn mit seinem Schwert. Die vierzehn athenischen Kinder waren frei! Am Ende des Fadens, an dem sie alle gemeinsam wieder zurückliefen, wartete Ariadne schon bangend auf den Ausgang des Abenteuers.

Theseus versprach seiner Helferin ewige Treue und überredete sie so, ihm auch bei der Flucht zu helfen. Gemeinsam mit den befreiten Jünglingen und Jungfrauen schifften sie sich nach Athen ein. Auf der Fahrt kamen sie an die Gestade von Naxos, wo Ariadne am Strand einschlief. Theseus nutzte die Gelegenheit und ließ das Mädchen einsam am Strand zurück. Manche erzählen auch, daß plötzlich ein Sturm das Schiff forttrieb, und die Kreterin deshalb allein zurückblieb.

Als Ariadne erwachte, erkannte sie den Trug des Helden und war völlig verzweifelt. Bald aber hörte sie Musik und Lachen hinter sich und es erschien mit Spiel und Tanz der fröhliche Zug des Dionysos. Der Weingott lag inmitten seiner lustigen Gesellschaft auf seinem von Panthern gezogenen Wagen, als er das schöne Mädchen erblickte. Er war von ihrer Anmut betört und verliebte sich Hals über Kopf. Gleich machte er sie zu seiner Frau und führte sie in den Olymp, wo Zeus der Götterbraut sogar die Unsterblichkeit verlieh.

Marmortorso des Minotauros. Der griechische Held hat beschlossen, es mit dem ungeheuerlichen Gegner aufzunehmen. Athen, Archäologisches Nationalmuseum.

Nachdem Theseus den Minotauros zu Boden geworfen hat, holt er zum Todesstoß aus. Die Hand hebend, scheint das Ungeheuer beinahe um Gnade zu bitten. Rotfigurige attische Pelike, um 480 v. Chr. Vatikanische Museen.

Inzwischen war Theseus schon in die Nähe der Küste Attikas gelangt. Aus Freude über seinen Erfolg vergaß er, die weißen Segel aufzuziehen, wie er es dem Vater versprochen hatte. Aigeus späht jeden Tag den Horizont ab, ob sich nicht ein Schiff blicken ließe. Als er dann schließlich die schwarzen Segel erkannte, glaubte er, daß das Unternehmen gescheitert sei und alle Mädchen und Knaben mitsamt seinem Sohn dem Minotauros zum Opfer gefallen wären. Er war so verzweifelt, daß er sich kopfüber in die See stürzte, die seitdem das ‚Ägäische' Meer genannt wird. Noch heute werden an den Mauern der Akropolis von Athen, dort, wo auf einem Felsvorsprung der Tempel der Athena Nike steht, zwei Nischen gezeigt. Hier hatte Aigeus, wie man sagt, seinen Ausguck und diese Stelle erinnert noch heute an seinen Selbstmord.

Goldener Stater, der im 4. Jh. v. Chr. in der Stadt Knossos geprägt wurde. Die Münze zeigt das Labyrinth, das legendäre Versteck des Minotauros, in dem sich Theseus nur mit Ariadnes Hilfe zurechtfinden kann. Rethimnon, Archäologisches Museum.

THESEUS ALS KÖNIG VON ATHEN

Als Herrscher über Attika sorgte Theseus dafür, daß sich alle Teile des Landes in einer einzigen Gemeinde zusammenschlossen, nämlich in Athen, und daß das Volk aus den verstreut liegenden Orten in die Stadt zog. Dort richtete er für alle Athener ein gemeinsames Fest zu Ehren der Stadtgöttin ein, die ‚Panathenäen'. Jeder Bürger konnte an den Riten und Prozessionen, den Spielen und Reiterparaden teilnehmen.

Aber die Zeit von Theseus' Herrschaft bestand nicht nur in fröhlichen Lustbarkeiten. Die erste schwere Prüfung seiner Regierung war der Kampf gegen die Amazonen. Der Glanz dieses stolzen Volkes von Frauen zog den ehrgeizigen Helden unwiderstehlich an. Er machte sich auf den Weg in ihre Hauptstadt Themiskyra. Als er dort ankam, wurde er von der Königin gastfreundlich empfangen, die den Fremdlingen durch die Amazone Antiope sogar kostbare Geschenke entgegenbringen ließ. Als diese schöne Kriegerin der Einladung folgte und an Bord ging, hißten die Athener plötzlich auf Befehl ihres Königs die Segel und stachen sofort in See.

Die Amzonen rüsteten daraufhin einen Kriegszug, um ihre Gefährtin zu befreien. Nachdem sie Athen im Handstreich erobert hatten, schlugen sie ihr Lager mitten in der Stadt auf und fochten in erbittertem Kampf gegen die athenischen Truppen. Schließlich gelang es Theseus mit seiner Streitmacht, einen Flügel des Amazonenheeres zu versprengen. So mußten die Kriegerinnen Frieden schließen und abziehen.

Antiope gebar dem Theseus einen Sohn, der Hippolytos genannt wurde. Aber der untreue Held verliebte sich bald darauf in Phaidra, die schöne Tochter des Kreterkönigs Minos und jüngere Schwester der Ariadne. Daher verstieß er Antiope wieder, die in ihre Heimat zurückkehrte. Hippolytos jedoch blieb am athenischen Hofe und wuchs zu einem stolzen und prächtigen Helden heran, der seinem Vater alle Ehre machte.

Durch unglückliche Fügung des Schicksals verliebte sich Phaidra in ihren Stiefsohn, der ihre

Nach der Flucht aus Kreta, während einer Ruhepause auf der Insel Naxos, nähert sich Athena nachts dem Theseus und flüstert ihm zu, seine Fahrt nach Athen fortzusetzen, während die ahnungslose Ariadne am Strand schläft. Hypnos, der Gott des Schlafes, ist als kleine Figur über ihrem Kopf dargestellt. Rotfigurige attische Lekythos, um 480 v. Chr. Taranto, Archäologisches Nationalmuseum.

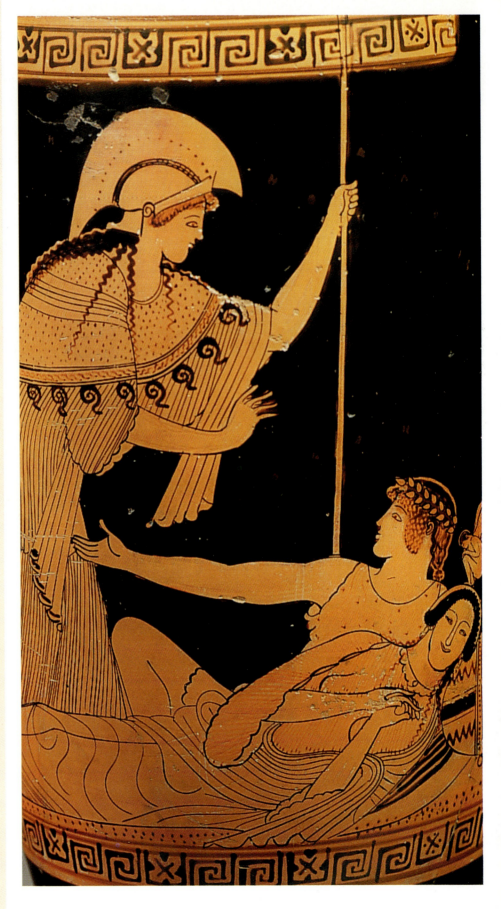

Athen, Akropolis: zwei Nischen in dem bollwerkartigen Unterbau, auf dem der Tempel der Athena Nike steht; hier wurde der Kultort zu Ehren von Theseus' Vater, Aigeus, nachgewiesen, der sich an dieser Stelle von der Akropolis gestürzt haben soll, als er die schwarzen Segel erblickte, die den Tod des Sohnes und das Scheitern des Unternehmes gegen den Minotauros anzeigten.

Anträge jedoch brüsk zurückwies. Sie wurde von panischer Angst gepackt, daß ihr Liebesantrag öffentlich bekannt würde, und behauptete nun selbst, Hippolytos habe ihrer Tugend nachgestellt. Von Theseus forderte sie die strenge Bestrafung des angeblichen Frevlers. Der König bat daher Poseidon, scharfe Vergeltung zu üben, und so geschah es auch: Ein wilder Stier tauchte urplötzlich aus den Fluten des Meeres auf, als Hippolytos mit seinem Viergespann des Weges kam. Die Pferde scheuten und gingen durch, so daß der arme Knabe, der sich unglücklich in den Zügeln verfangen hatte, elendiglich zu Tode geschleift wurde.

Eine berühmte und edle Tat des Theseus war die Tötung des marathonischen Stieres. Dieses Scheusal blies Feueratem aus seinen Nüstern und trieb in der Ebene von Marathon sein Unwesen. Es zertrampelte die Felder und versetzte die armen Bauern in Furcht. Man erzählte sich, daß es dasselbe Tier sei, welches Herakles einst aus Kreta nach Mykene gebracht hatte, das der tölpelhafte Eurystheus jedoch wieder freigelassen hatte.

Als er in die Jahre gekommen war, zog sich Theseus ganz von seinen Amtsgeschäften zurück. Die Athener standen seinen klugen Maßnahmen allzu zweifelnd gegenüber, ja – oft stieß er sogar auf brüske Ablehnung. Er überließ die Herrschaft seinem Nachfolger Menestheus und ging allein auf die Insel Skyros. Dort regierte sein Verwandter Lykomedes als König. Scheinbar wurde Theseus dort auch freundlich und in Ehren aufgenommen. Lykomedes jedoch wurde die Gegenwart des berühmten Helden unheimlich. Eines Tages führte er ihn auf einen hohen Berg, damit sie den herrlichen Blick auf die schöne Landschaft der Insel bewundern konnten. Oben angekommen stieß Lykomedes seinen Gast heimtückisch vom Felsen. Theseus stürzte in die Tiefe und starb einsam und unbeweint auf fremder Erde.

Viele Jahrhunderte später glaubten die athenischen Soldaten bei der Schlacht von Marathon gegen die Perser, seine Gegenwart zu spüren. Sie erzählten sich, im Kampf sei ein wunderbarer Held von enormer Köpergröße vorangeschritten. Das müsse Theseus gewesen sein. Nach dem Krieg beorderte der Staatsmann Kimon eine Gesandtschaft zum delphischen Orakel und bekam als Antwort, daß die Athener die Gebeine des Helden auf Skyros ausgraben und nach Athen bringen sollten. Kimon organisierte daher eine Expedition zu der Insel. Als er den Boden des Eilandes betrat, sah er in der Ferne einen Adler im Fluge auf einen Hügel niederstoßen und mit den Krallen in der Erde kratzen. Er begriff sofort den Sinn dieses Zeichens. Man grub an der bezeichneten Stelle nach und fand ein Grab mit den Knochen eines riesigen Kriegers samt einer ehernen Lanze und einem Schwert. Die Gebeine wurden in die Stadt des Theseus überführt und dort mit Festen geehrt, die eines Gottes würdig gewesen wären.

Perseus und die Gorgo Medusa

Medusa mit ihren beiden Söhnen (die in Wirklichkeit später aus dem abgeschlagenen Haupt geboren wurden), Chrysaor und Pegasos. Zeichnung nach einer Bronzefolie aus Olympia (620 v. Chr.). Olympia, Archäologisches Museum: Inv.-Nr. 1911 c.

Das Gorgoneion, das von Perseus abgeschlagene Haupt der Medusa, muß mit ihrem Schlangenhaar wahrlich ein grauenvoller Anblick gewesen sein. Ihr fratzenhaft verzerrtes Gesicht erscheint häufig als zentrales Emblem auf den Schilden zur Abschreckung des Feindes und wird auch als apotropäisches Symbol benutzt. Mosaikfußboden des 2. Jh. n. Chr. Athen, Archäologisches Natinalmuseum.

Gegenüberstehende Seite: In Gegenwart von Athena, der Schutzgöttin des Helden, enthauptet Perseus die Gorgo Medusa, indem er sich abwendet, um nicht versteinert zu werden; aus dem Blut des Ungeheuers gehen Zwillinge hervor, das geflügelte Pferd Pegasos und Chrysaor, der in dieser Szene noch nicht geboren ist. Kalksteinmetope aus Selinunt (um 530 v. Chr.). Palermo, Archäologisches Nationalmuseum.

Akrisios, der König von Argos, empfing einst eine unheilvolle Weissagung: «Deine Tochter Danae wird einmal einem Sohn das Leben schenken, der den Großvater entthront und ermordet.» Um diesem Schicksal zu entfliehen, schloß Akrisios sein Kind in eine dicht verschlossene Kammer aus Erz ein, die er unter der Erde vergrub. Und doch gelang es dem verliebten Zeus, zu ihr zu gelangen. Er verwandelte sich in einen goldenen Regen, drang in die Kammer ein und wohnte Danae bei. Die Prinzessin wurde schwanger und brachte den Knaben Perseus zur Welt. Das Schreien des Neugeborenen konnte das Mädchen dem erbosten Vater nicht verbergen, welcher Tochter und Enkel sofort in eine Holzkiste stecken ließ, die ins Meer geworfen und von der Strömung fortgespült wurde.

Nach langer Reise in ihrem schwankenden Gefährt kamen Danae und Perseus schließlich an den Strand der Insel Seriphos. Dort nahm sie König Polydektes gerne auf, zumal er die Reize der jungen Mutter wohl zu schätzen wußte. Als Perseus heranwuchs, mißfiel ihm mehr und mehr, wie der König Danae den Hof machte. Schließlich wollte Polydektes ihn loswerden, um ungestört der schönen Frau nachstellen zu können. So wurde Perseus ein schwieriges Abenteuer aufgetragen: Er sollte im fernen Westen das Versteck der furchtbaren Schwestern, der Gorgonen, ausfindig machen. Medusa, die Sterbliche unter den dreien, sollte er das Haupt abschlagen. Zum Glück war Perseus ein Liebling der Götter, und besonders Hermes und Athena standen ihm bei. Sie rieten ihm, wie er seine Tat vorbereiten könnte und rüsteten ihn mit dem Notwendigen aus. Mit den Flügelschuhen des Hermes konnte er blitzschnell fliehen, mit einer Zauberkappe konnte er sich unsichtbar machen und ein Sack fand sich auch, in welchem er das gefährliche Medusenhaupt bergen konnte. Zunächst wandte sich Perseus an die Graien. Diese drei Schwestern der Gorgonen waren als Greisinnen geboren worden und hatten gemeinsam nur einen Zahn zum Essen und ein Auge zum Sehen. Beides reichten sie einander reihum weiter. Der schlaue Perseus stahl ihnen das Auge gerade in dem Moment, als die eine es der anderen gab. Die Alten baten ihn flehentlich, sie nicht völlig hilflos zu lassen. Aber der Held erfüllte ihren Wunsch nicht eher, als bis sie ihm das Geheimnis ent-

hüllten, wo die Gorgonen zu finden seien. Stenno, Euryale und Medusa – so hießen die drei – wohnten in einer Höhle im fernen Westen der Erde. Dort fand Perseus sie nach vollbrachter Reise schlafend vor. Die furchtbaren Schwestern waren schrecklich anzuschauen. Ihr Hals war wie bei Eidechsen geschuppt, sie hatten Zähne wie Wildschweinhauer, ihre Hände waren von Bronze und ihre Flügel golden, aber das widerlichste waren die Giftschlangen, die sich ihnen statt der Haare ums Haupt ringelten. Wer immer sie anschaute, wurde sofort in Stein verwandelt. Wie hätte Perseus ohne Hilfe der Athena mit ihnen fertig werden können? Abgewendeten Hauptes mußte Perseus mit seinem Sichelschwert zuschlagen, um nicht vom Anblick der Bestien versteinert zu werden. Aber er brauchte nicht blindlings zu zielen, denn seine Schutzgöttin hielt einen glänzenden Schild, in dem sich der Anblick der Medusa spiegelte. Mit einem Hieb hatte er Medusa das Haupt abgeschlagen und steckte es sofort in seinen Sack. Dann zog er sich die Tarnkappe über und flüchtete mit Hilfe der Flügelschuhe in Windeseile vor der Rache der beiden anderen Gorgonen. Mit knapper Not erreichte er den Ausgang der Höhle und gelangte endlich in Sicherheit. Aus der Schnittwunde am Rumpf der Toten rannen unterdessen zwei Blutströme: der eine war gemeines sterbliches Blut, aber der andere war der kostbare unsterbliche Teil ihres Lebenssaftes. Diesen fing Athena sorgsam auf und brachte ihn Asklepios, der damit viele Menschen heilte und sogar Tote wieder zum Leben erwecken konnte. Als der Leib der Gorgo unter den Hieben des Helden in sich zu-

Perseus, der sich zurückwendet, um dem versteinernden Blick des Ungeheuers zu entgehen, tötet die Gorgo Medusa, indem er sie bei ihrem Schlangenhaar packt und ihr das Haupt abschlägt. Hilfe wird ihm durch Athena zuteil, die nicht nur das grausige Haar festhält, sondern sie auch an der Schulter zurückzuhalten scheint. Zeichnung nach einer Bronzefolie, Teil des Armleders eines Schildes etwa aus dem Jahr 590 v. Chr., aus dem Zeusheiligtum in Olympia. Olympia, Archäologisches Museum.

Perseus rettet die schöne Andromeda, die Tochter der Kassiopeia, Königin von Äthiopien, vor dem schnaubenden Meeresungeheuer Ketos. Zeichnung nach einer schwarzfigurigen korinthischen Amphora, um 560 v. Chr. Berlin Staatliche Museen: Inv.-Nr. F 1637.

sammensackte, entstiegen der Wunde zwei Wesen, die Kinder der Medusa, wenn man so will. Es waren das Flügelpferd Pegasos, welches die Götter dem Helden Bellerophon zugedacht hatten, und der Held Chrysaor, der Knabe mit dem Goldschwert. Das Haupt der Medusa selbst machte Perseus später der Athena zur Dankesgabe. Die Göttin trug es von da an auf der Ägis, ihrem unzerstörbaren Brustpanzer. Auf seinem Rückweg über Äthiopien begegnete Perseus der wunderschönen Andromeda. Im Lande herrschte damals Kepheus an der Seite seiner Gattin Kassiopeia. Die Königin hatte einmal eine böse Schmähung gegen die Meeresnymphen, die Nereiden, ausgestoßen. Poseidon schickte daraufhin ein fuchtbares Seeungeheuer, das die Küsten des Landes unsicher machte. Von dieser Plage konnte der König sich nur befreien, indem er seine eigene Tochter Andromeda der Bestie aus der Tiefe zum Fraß vorwarf. So wurde das liebreizende Mädchen nackt an einen Felsen am Ufer gekettet und mußte zitternd warten, bis es verschlungen würde. Gerade in diesem Moment kam Perseus des Weges. Von der Schönheit der Andromeda war er sofort bezaubert. Da ihm Kepheus die Hand seiner Tochter gern versprach, wenn er sie retten würde, stürzte er sich auf den gerade schnaubend auftauchenden Meeresdrachen und erschlug ihn erbarmungslos. So konnte er Andromeda glücklich als seine Braut heimführen.

BELLEROPHON UND DIE CHIMAIRA

Bellerophon, der Sohn des Glaukos, stammte aus Korinth. Sein Name bedeutet ‚der Mörder des Belleros', weil er diesen Tyrannen von Korinth getötet hatte. Wegen der Bluttat mußte Bellerophon das Land verlassen und ging nach Tiryns. Dort wurde er vom König Proitos von seiner Schuld rituell reingewaschen. Die Gattin des Königs mit Namen Steneboia verliebte sich in den Helden mit der schönen Gestalt und dem edlen Gebaren. Sie machte ihm schöne Augen, aber Bellerophon wollte aus Treue zum König nichts von einem Verhältnis mit ihr wissen. Die Königin fühlte sich dadurch so gedemütigt, daß sie sich rächen wollte. Sie verbreitete das Gerücht, daß Bellerophon ihr nachstelle. Dann sorgte sie dafür, daß diese Lügengeschichten auch an das Ohr des Königs gelangten. Proitos wollte sich nicht persönlich für die angebliche Schmach rächen, denn er hatte den Helden gern. Daher sandte er ihn an den Hof des Königs von Lykien, Iobates, und schickte ein versiegeltes Schreiben mit. Diesen Brief übergab Bellerophon selbst dem Lykerkönig. Darin stand in schlichten Worten, daß der Überbringer des Schreibens sofort zu töten sei. Auch Iobates wollte nicht das Blut des herrlichen Jünglings an seinen Händen haben und schickte ihn daher auf ein gefährliches Abenteuer. Er hoffte, Bellerophon müsse dabei sein Leben lassen. In Lykien trieb damals die Chimaira ihr Unwesen, ein Ungeheuer aus dem Stamme des Typhon und der Echidna. Ihr Leib glich dem eines Löwen, aus ihrem Rücken wuchs der Kopf einer Ziege mit feuerspeiendem Atem, und statt eines Schwanzes ringelte sich eine zischende Giftschlange. Bellerophon sollte diese Bestie unschädlich machen. Er betete zur Athena um Hilfe, welche die Göttin gern gewährte. Sie gab ihm magische Zügel, mit denen er das Flügelpferd Pegasos zu zähmen vermochte. Dieses aus dem Blut der Medusa geborene Zauberroß hatte er in Korinth an der Quelle Peirene überrascht und gefangen, als es an die Tränke wollte. So konnte Bellerophon die Chimaira aus der Luft angreifen und geschickt den todbringenden Attacken des dreiköpfigen Tieres ausweichen. Manche erzählen, daß der Held auf die Spitze seines Wurfspeeres ein Stück Blei gepflanzt habe, das in den Flammen des Feueratems geschmolzen sei. So habe er die Bestie getötet.

Bellerophon, auf dem geflügelten Pferd Pegasos reitend, versucht, mit der Lanze die feuerspeiende Chimaira zu töten. Zeichnung nach einem korinthischen Aryballos (Salbgefäß) mit rotfiguriger Bemalung, um 650 v. Chr., Fundort Theben.
Boston, Museum of Fine Arts: Inv.-Nr. 400.

Etruskische Fibel aus Goldfolie, die das geflügelte Pferd Pegasos darstellt. Um 530 v. Chr. Rom, Museo di Villa Giulia: Inv. Nr. 53865.

Korinth: die Quelle Peirene. Große öffentliche Brunnenanlage seitlich der Agora an der zur Küste führenden Straße, in der verschiedene Bauphasen erkennbar sind. Der Überlieferung nach wurde das Flügelpferd Pegasos, ein Sohn des Gorgonenungeheuers, von Bellerophon überrascht, als es an der kühlen Quelle tränken wollte. Bellerophon, der Sohn von Glaukos, König von Korinth, fing das Pferd ein und zähmte es.

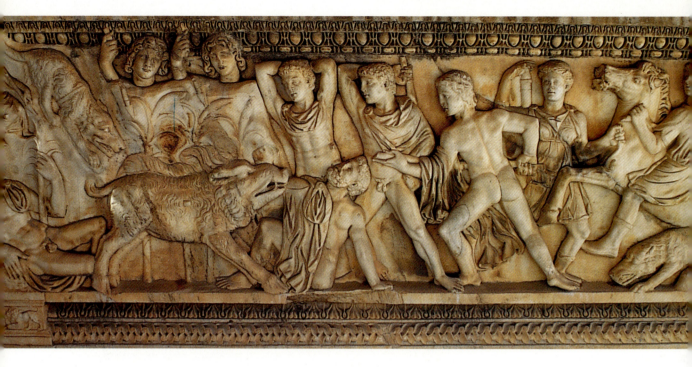

Meleager und Atalante beteiligen sich mit den tapfersten Helden Griechenlands an der Jagd auf den wilden Eber, der das Land Kalydon verwüstet. Detail eines römischen Sarkophags mit einem verletzten Helden (2. Jh. n. Chr.).

MELEAGER, ATALANTE UND DER KALYDONISCHE EBER

Oineus herrschte zusammen mit seiner Frau Althaia als König über Kalydon, eine Stadt in Ätolien. Er fuhr eines Jahres eine besonders gute Ernte in seine Scheuern ein. Wie es sich gehört, hielt er allen Göttern ein prächtiges Dankopfer ab. Dabei vergaß er jedoch, auch an Artemis zu denken. Dafür zürnte ihm die Jagdgöttin und rächte sich, indem sie ein riesiges Wildschwein schickte, das die Fluren verwüstete und die Bauern tötete. So beschloß Meleager, der Sohn des Königspaares, eine Jagd mit allen Helden Griechenlands abzuhalten, um das Untier zu bezwingen.

Viele waren bereit, dem Helden beizustehen, so die Dioskuren Kastor und Pollux, außerdem Theseus, Jason, Iphikles, Peirithoos, Telamon, Peleus, Amphiaraos und andere mehr. Aber auch die Jägerin Atalante durfte teilnehmen, obwohl Frauen im alten Griechenland eigentlich von heldischem oder sportlichem Tun ausgeschlossen waren.

Atalante war ein Mädchen aus Arkadien, das sich ganz dem athletischen Dasein widmete. Sie verschmähte die Ehe und entledigte sich aller, die um ihre Hand anhielten, indem sie sie zum Wettlauf herausforderte und darin stets Siegerin wurde. Nur der kluge Meilanion konnte sie mit einem Trick übertreffen. Aphrodite hatte ihm einige goldene Äpfel aus dem Garten der Hesperiden geschenkt, die er während des Laufes fallen ließ. Atalante bückte sich, um die kostbaren Früchte zu sammeln, so daß sie diesmal zweite blieb und dem Jüngling die Hand nicht versagen konnte. Obwohl nunmehr eine verheiratete Frau, verweigerten die Helden Griechenlands ihr die Aufnahme in ihren Kreis nicht.

Vor dem Aufbruch zur großen Jagd versprach Meleager seiner Mutter Althaia den Kopf des Ebers als Trophäe. Da er aber während der Unternehmung allzu großen Gefallen an der schönen Jagdkameradin gefunden hatte, überreichte er schließlich der Atalante die Beute.

Mutter Althaia war zornig, als sie das hörte, und wollte sich rächen. Vor der Geburt des Knaben hatte sie von den Moiren ein besonderes Geschenk empfangen, jenen Göttinnen, die den Lebensfaden spinnen und behüten. Diese hatten ihr nämlich ein brennendes Scheit gegeben und erklärt, solange dieses Stück Holz nicht von den Flammen verzehrt sei, würde das Neugeborene nicht sterben. Sofort hatte die sorgende Mutter die brennende Fackel in einem Kübel Wasser gelöscht und sorgfältig aufgehoben. In ihrer Wut packte sie nun das vom Alter trockene Scheit und warf es in die Flammen des Herdfeuers, wo es sofort prasselnd verbrannte. Der ahnungslose Meleager verspürte sogleich einen brennenden Schmerz in seinen Eingeweiden, wurde auf das Lager geworfen und hauchte binnen kurzem sein Leben aus.

Die Schwestern des Meleager trauerten tief um ihren geliebten Bruder und weinten so bitterlich und so lange, daß Artemis schließlich Mitleid mit ihnen bekam und sie in Vögel verwandelte, nämlich in Perlhühner. Nach dem Namen des betrauerten Helden nannten die alten Griechen diese Tiere fortan ‚Meleagrides'.

ÖDIPUS UND DIE SPHINX

Laios, dem König des siebentorigen Theben in Böotien, verkündete einst ein Orakel, er werde durch seinen eigenen Sohn umkommen. Als nun seine Frau Iokaste einen Knaben gebar, befahl er, daß das Neugeborene aus der Stadt gebracht und getötet werde. Der Knecht jedoch, dem diese furchtbare Aufgabe zugedacht war, schreckte vor der eigenhändigen Kindestötung zurück. Statt dessen setzte er den armen Kleinen einfach mit gefesselten Füßen auf dem Berge Kithairon aus. Er dachte, daß dieses sicherlich bald sterben würde und behauptete bei Hofe einfach, der Knabe sei nun tot.

Aber er lebte noch! Zur rechten Zeit war nämlich Periboia, die Königin von Korinth und Ehefrau des Polybos, vorbeigekommen und hatte das klägliche Wimmern des Säuglings gehört. Er hatte von den Fesseln ganz geschwollene Füße und wurde deshalb ‚Ödipus' genannt, das heißt ‚Schwellfuß'. Periboia nahm den Kleinen mit sich und zog ihn auf.

Dasselbe Orakel, das Laios erhalten hatte, wurde auch dem jungen Ödipus zuteil: Er werde seinen Vater umbringen, hieß es. Der Jüngling dachte hierbei an seinen Stiefvater Polybos und floh aus Korinth, um der schrecklichen Schuld zu entgehen. Aber wer dem Frevel entfliehen will, läuft ihm oft in die Arme. Ödipus schlug nämlich den Weg nach Theben ein und an einer engen Stelle des Weges begegnete er dem Wagen des Laios. Der Wagenlenker des Fürsten herrschte ihn an, er solle gefälligst zur Seite treten. Aber Ödipus ließ sich diesen Ton nicht gefallen. So entspann sich ein Streit, und am Ende lagen Laios und sein Wagenlenker in ihrem Blute. Ödipus wußte freilich nicht, wen er da vor sich hatte.

Er ging mutig weiter nach Theben und begegnete vor den Toren der Stadt einem Ungeheuer, das den Einwohnern schon viel Kummer bereitet hatte. Es war die Sphinx, ein Untier mit einem Löwenkörper und einem Frauenkopf. Sie stellte den Vorbeiziehenden unlösbare Rätsel und fraß sie dann auf, weil sie die Fragen nicht beantworten konnten. «Welches Wesen geht am Morgen auf vier Beinen, am Mittag auf zweien und am Abend auf dreien?» – so lautete ihre Aufgabe für Ödipus. Dieser verstand sofort, daß das tückische Scheusal in einem Gleichnis sprach und gab ohne zu zögern die richtige Antwort: «Das ist der Mensch, denn er krabbelt als Kind auf allen Vieren, geht als Erwachsener auf zwei Beinen und muß als Greis mit Hilfe eines Stockes humpeln.» Damit war die Sphinx geschlagen. Aus Verzweifelung über ihr Versagen stürzte sie sich von dem Felsen herab, auf dem sie gethront hatte.

Als Ödipus nach Theben gelangte, war ihm sein Ruf schon vorausgeeilt, und mit triumphalem Empfang wurde er in der Stadt aufgenommen. Auch die Gunst des Herrscherhauses flog dem jungen Helden zu. Die verwitwete, aber noch jugendfrische Königin Iokaste war gern bereit, mit ihm die Ehe einzugehen. Niemand ahnte, daß sie die Mutter ihres neuen Gatten war. So bekamen beide im Laufe der Jahre vier Kinder, die Mädchen Antigone und Ismene sowie die Söhne Eteokles und Polyneikes.

Ödipus löst vor den Toren von Theben das schwierige Rätsel, das die Sphinx ihm aufgibt. Rundes Innenbild einer rotfigurigen attischen Schale, ein Werk des sogenannten Ödipus-Malers aus der Zeit um 480 v. Chr. Vatikanische Museen.

Die Sphinx der Naxier, eine steinerne Votivfigur (um 570 v. Chr.), die eine hohe Säule im Apollonheiligtum in Delphi krönt und von den Bewohnern der Insel Naxos hier aufgestellt wurde. Delphi, Archäologisches Museum.

Tydeus tötet Ismene, die Tocher des Ödipus, die er auf der Kline liegend überrascht, während Periklemenos flüchten kann. Schwarzfigurige Amphora aus korinthischer Produktion etwa aus dem Jahr 500 v. Chr. Paris, Louvre.

Eines Tages begann sich in der prächtigen Stadt Theben eine Pest auszubreiten, die nicht aufhören wollte und immer neue Opfer forderte. Der blinde Seher Teiresias wurde zur Hilfe gerufen. Er gab aber nur eine zugleich dunkle und grauenvolle Antwort: «Ursache allen Übels ist das widernatürliche Treiben im königlichen Hause selbst!» Ödipus wollte zunächst nichts davon hören, begann dann aber nachzuforschen. Bald war das ganze Ausmaß der Verwicklung und seiner eigenen unwissentlichen Schuld offenbar. Er blendete sich und ging in die Verbannung, beglcitet allein von seiner kleinen Tochter Antigone. Iokaste aber beging Selbstmord. Diese Schuld sollte noch Generationen lang währen. Statt in Vergessenheit zu geraten, wurde der Fluch über dem Geschlecht des thebanischen Königshauses immer schlimmer. Eteokles und Polyneikes gerieten über die Thronfolge in Streit und führten einen regelrechten Krieg gegeneinander. Jeder zog für den Kampf um den Thron noch sechs weitere Helden Griechenlands auf seine Seite. Die Geschichte dieses Kriegszuges heißt daher ‚Die Sieben gegen Theben'. Alle Helden fanden den Tod im Angriff oder als Verteidiger der sieben Tore Thebens. Eteokles und Polyneikes starben von Bruderhand.

Da die rechtmäßigen Thronfolger tot waren, riß der Bruder der Iokaste namens Kreon die Herrschaft an sich. Er schlug sich auf die Seite des Eteokles, der beim Kampf gegen seinen Bruder die Stadt verteidigt hatte und bestattete den Leichnam ehrenvoll. Polyneikes aber blieb unbegraben vor den Mauern liegen und wurde verflucht.

Aber des Nachts bedeckte seine Schwester Antigone den toten Körper mit Erde, um der göttlichen Ordnung genüge zu tun. Dadurch war ihr Leben verwirkt: Kreon mußte seine eigene Nichte umbringen lassen, denn so hatte er gesetzlich verkündet. Das Haus des Laios erlosch, als auch Ismene einen gewaltsamen Tod fand. Sie hatte sich in einen jungen Thebaner verliebt und traf sich mit ihm an einer Quelle zum Stelldichein, wo ihr der grausame Held Tydeus auflauerte und sie umbrachte.

IV.

DIE ILIAS: DER TROJANISCHE KRIEG

DIE HOCHZEIT VON PELEUS UND THETIS

Die erste Ursache für den trojanischen Krieg ist in weit zurückliegenden Begebenheiten zu suchen. Sie ereigneten sich anläßlich der Hochzeit des Königs Peleus von Phthia in Thessalien und Thetis, der Tochter des Meergottes Nereus. Aus dieser Ehe zwischen Sterblichem und Göttin ging der kühnste Held des trojanischen Krieges hervor, der strahlende Achilleus. Bei der Hochzeitsfeier am Berg Pelion sangen die Musen selbst das Hochzeitslied. Alle Götter erschienen und brachten prächtige Gaben für das Paar. So schenkte der Kentaur Chiron, der künftige Erzieher des Achilleus, eine mächtige Eschenlanze, Poseidon brachte zwei unsterbliche Rosse namens Balios und Xanthos, welche später Achilleus' Streitwagen ziehen sollten. Unter den Gästen war jedoch auch Eris erschienen, die Göttin des Streites. Als das Fest seinen Höhepunkt erreicht hatte, warf sie in die Mitte der Festgesellschaft einen goldenen Apfel und rief dazu: «Der Schönsten unter den Olympierinnen soll dieses Kleinod gehören!» Sofort war ein Zwist entbrannt, ob Athena, Hera oder Aphrodite dieser Preis zustand. Keiner unter den Göttern konnte oder wollte die Entscheidung fällen. Schließlich befahl Zeus, daß Hermes die drei Göttinnen an den Berg Ida geleiten sollte, wo in der Einsamkeit der trojanische Prinz Paris seine Herden hütete, der Sohn des Königs Priamos und seiner Gattin Hekabe. Dieser sollte die Siegerin benennen.

DAS URTEIL DES PARIS

Der Hirte am Berg Ida erschrak furchtbar, als er die strahlende Erscheinung des Götterzuges von weitem nahen sah und wollte fortrennen. Aber Hermes beruhigte ihn: «Du hast nichts zu befürchten. Im Gegenteil – der Göttervater Zeus selbst überträgt dir die ehrenvolle Aufgabe, zwischen den drei Göttinnen der Schiedsrichter zu sein.» So setzte sich Paris nieder und lauschte, was Athena, Hera und Aphrodite vorzubringen hätten. Jede der drei versprach ihm wundervolle Geschenke, um in den Besitz des goldenen Apfels zu gelangen. Athena bot ihm die Gabe der Weisheit und die Unbesiegbarkeit im Kampfe an, Hera hingegen die Herrschaft über ganz Asien. Aphrodite aber sagte ihm die Liebe der Helena von Sparta zu, der schönsten Frau unter dem Erdkreis. Von deren Liebreiz und Anmut schwärmten damals die Männer im ganzen Land. Paris zögerte nicht lange und wählte unter den drei verlockenden Segnungen diejenige der Aphrodite: Er erklärte die Liebesgöttin zur Siegerin im Schönheitswettstreit. Mit Helena hatte es folgende Bewandtnis: Sie war, wie wir bereits gehört haben, eine Tochter des Zeus und der Leda. Als sie noch ein junges Mädchen war, lebte sie im Palast ihres Stiefvaters Tyndareos. Alle wichtigen

In einer der großen Bronzestatuen des 4. Jh. v. Chr., die man vor kurzem im Athener Hafen Piräus fand, will man den jungen trojanischen Prinzen Paris erkennen. Er soll bekanntlich das berühmte Urteil gefällt haben, wer von den drei olympischen Göttinnen die Schönste sei. Den Preis, einen goldenen Apfel (er ist leider abhanden gekommen), überreicht er Aphrodite, die er zur Siegerin erklärt. Zum Dank spricht ihm die Göttin der Liebe Helena zu, die schönste Frau auf Erden, um derentwillen später der Trojanische Krieg ausbrechen sollte.
Piräus, Archäologisches Museum.

Bronzespiegel aus etruskischer Produktion (3. Jh. v. Chr.) mit der Darstellung des Urteils des Paris.
Rom, Museo Nazionale Etrusco di Villa Giulia.

Die griechische Gesandtschaft in Troja macht den Versuch, die Rückgabe der von Paris entführten Helena zu erwirken. Zeichnung nach einem bronzenen Dreifuß etwa aus dem Jahr 620 v. Ch., aus dem Zeus-Heiligtum in Olympia.
Olympia, Archäologisches Museum: Inv.-Nr. B 3600.

Fürsten Griechenlands hielten um die Hand des wunderschönen Mädchens an. Tyndareos, der in allen irdischen Belangen an Zeus' Stelle getreten war, wußte in dieser schwierigen Situation klugen Rat: Er ließ alle Freier schwören, daß sie demjenigen, der Helenas Hand erringen werde, jederzeit Waffenhilfe leisten wollten. So waren die Nebenbuhler durch einen heiligen Eid miteinander verbündet und mußten dem schließlich auserkorenen Spartanerkönig Menelaos, dem Sohn des Atreus, das Gefolge leisten. Nur deshalb wurde die Entführung der schönen Helena später zu einer Staatsangelegenheit, die ganz Griechenland anging.

Als die Schöne dem jungen Trojanerprinzen Paris zum ersten Mal begegnete, war sie vom Charme des Orientalenfürsten angetan und nicht zuletzt auch von seinem Reichtum sehr eingenommen. Gern war sie bereit, dem verliebten Jüngling in seine Heimat zu folgen und dafür ihre Tochter Hermione und ihren rechtmäßigen Ehemann Menelaos zu verlassen.

Zunächst ließ der empörte Menelaos die Griechen eine Gesandtschaft nach Troja schicken und die freiwillige Rückkehr Helenas zu ihrem Gatten fordern. Als aber die diplomatischen Bemühungen keinen Erfolg zeigten und die verfahrene Situation nicht anders lösbar schien, sah man keine andere Möglichkeit als den Krieg.

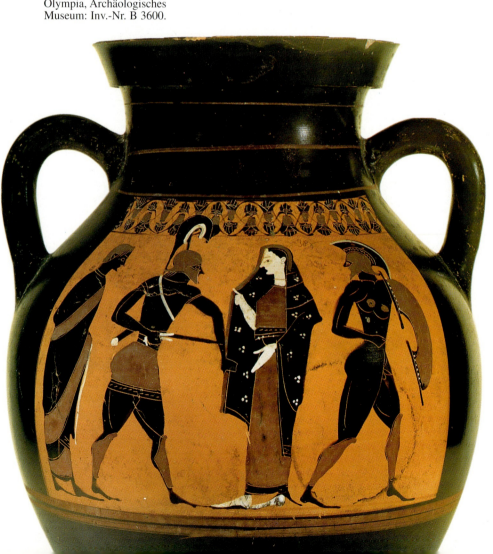

Nachdem die Griechen durch die List des hölzernen Pferdes in Troja eingedrungen sind, holt Menelaos, der rechtmäßige Ehegatte der wunderschönen Helena, seine Frau mit Gewalt zurück, während Paris erschreckt die Flucht ergreift. Schwarzfigurige attische Amphora, um 540 v. Chr.
Vatikanische Museen.

ACHILLEUS AUF SKYROS

In ganz Griechenland waren Herolde unterwegs, welche die Helden zur Waffenfolge für den bevorstehenden Kriegszug nach Asien aufforderten. Alle griechischen – oder, wie man damals oft auch sagte: achäischen – Stämme rüsteten zum Kriege.
An die Eltern des Achilleus, Peleus und Thetis war ein Orakel ergangen, daß der Sohn der beiden vor den Mauern von Troja den Tod finden werde. Daher wurde der Held von seinen Eltern in Frauenkleider gesteckt und zum König Lykomedes nach Skyros geschickt, um sich dort zu verstecken. Er lebte neun Jahre lang unter den Töchtern des Königs und führte wegen seiner Haarpracht den Frauennamen Pyrrha, das heißt ‚die Rotblonde'. Er hatte freilich auch ein Verhältnis mit Deidameia, der Tochter des Königs. Ihr gemeinsames Kind war der künftige Held Neoptolemos, welcher als würdiger Nachfolger seines Vaters auch den Namen Pyrrhos trug und nach dessen Tod den Krieg gegen Troja fortführte.
Achilleus konnte freilich in Skyros seinem Schicksal nicht entrinnen. Vom Wahrsager Kalchas wußte der kluge Odysseus, daß Troja ohne seine Hilfe nicht erobert werden konnte. Daher setzte sich der listenreiche Held auf seine Spuren und kam schließlich als Händler verkleidet auf die Insel. Unter dem Vorwand, seine prächtigen Waren auszubreiten, verschaffte er sich Zugang zu den Frauengemächern im Palast. Während die Weiber höchstes Gefallen an den schönen Stoffen und Handarbeiten fanden, hatte Achilleus nur Augen für die prunkvollen Waffen, die Odysseus geschickt unter die Warenauslage gemischt hatte. So wurde der Held unter den Frauen entdeckt. Auch Thetis und Peleus konnten nun dem kriegerischen Ehrgeiz ihres Sohnes nicht mehr im Wege stehen und mußten ihn gehen lassen. So zog Achilleus an der Spitze zahlreicher treuer Krieger, der sogenannten Myrmidonen, in den Krieg gegen Troja.

Äneas, auf dessen Schild ein Löwe prangt, gefolgt von Paris, der Helena aus dem Königsschloß in Sparta entführt, während Eros, Symbol der Liebe, und Peitho (Göttin der Überredung) als Bestätigung dieser Leidenschaft Helenas Haupt bekränzen. Dahinter erscheinen Aphrodite, die ihr Mut zuspricht, und ein kleiner Diener. Zeichnung nach einem rotfigurigen attischen Skyphos, der von dem Töpfer Hieron hergestellt und von Makron um 490 v. Chr. bemalt wurde. Boston, Museum of Fine Arts: Inv.-Nr. 13.186.

DER AUFBRUCH ZUM KRIEG UND DAS OPFER DER IPHIGENIE

Das Kommando über die achäische Flotte übernahm Agamemnon, der Bruder des Menelaos und König von Argos. Die erste Etappe auf der Fahrt war Aulis in Euböa, wo eine langwierige Flaute die Schiffe festhielt. Die Griechen fragten den Seher Kalchas um Rat, der ihnen zur Antwort gab, daß die Windstille das Werk der Artemis sei.

Agamemnon hatte nämlich einst eine Hirschkuh getötet, ein heiliges Tier der Artemis. Er hatte sich damit gebrüstet, die Göttin selbst verstünde sich nicht besser auf die Jagdkunst als er, so erzählte man sich. Die Ursache für den Groll der Göttin mag auch darin liegen, daß Agamemnons Vater Atreus es einst versäumt hatte, ihr ein versprochenes Opfer darzubringen, und die Schuld auf den Sohn übergegangen war. Manche meinen auch, daß Agamemnon sich mit einem Meineid befleckt habe. Er hatte nämlich einst versprochen, die beste Frucht des Jahres der Artemis zu weihen. Als bald darauf seine Tochter Iphigenie geboren wurde, hatte er sich geweigert, das Leben seines Kindes zu opfern. Nun zeigte sich die Göttin unerbittlich.

Kalchas enthüllte den Achäern, daß es nur einen Weg gab, wie der göttliche Zorn besänftigt werden könne: Iphigenie mußte den Opfertod sterben. Nun war für Agamemnon guter Rat teuer, denn sein Ansehen als Heerführer stand auf dem Spiel und alle erwarteten von ihm die schreckliche Tat. Besonders Odysseus und sein Bruder Menelaos drängten ständig. Er konnte das Leben seiner Tochter nicht mehr schützen.

Agamemnon schickte eine Botschaft nach Hause, wo Iphigenie friedlich mit ihrer Mutter weilte. Die Tochter solle sich sofort in Aulis einfinden, befahl er streng, denn er selbst wolle sie noch vor dem Kriegszug mit Achilleus vermählen. Kaum traf das arme Mädchen jedoch im Heerlager ein, wurde es schon ergriffen. Ehe sie sich versah, schleifte man sie an den Altar, wo Kalchas bereits das Opfermesser in Händen hielt. Im letzten Augenblick aber hatte Artemis Mitleid mit der Unschuldigen. Sie entführte Iphigenie in das ferne Land Tauris – so nannte man damals die Halbinsel Krim – und ließ an ihrer Statt eine Hirschkuh zurück, die nun geopfert wurde.

DIE BELAGERUNG TROJAS

Bald frischten günstige Winde auf, und die achäische Flotte gelangte in einem Zug an die Küste der Troas. Diese Landschaft liegt an der Mündung der Dardanellen in der heutigen Türkei. Das Heerlager schlugen die Griechen gegenüber der Insel Tenedos auf.

Nun begann die langwierige Belagerung des mächtigen Ilion, wie man die Burg von Troja auch nennt. Sie dauerte mehr als neun Jahre lang, ohne daß die eine oder die andere Seite einen entscheidenden Vorteil errungen hätte. Viele Berichte von Kämpfen und Scharmützeln im Verlauf dieser Jahre liegen uns vor, die meisten von ihnen wurden freilich erst spät niedergeschrieben. Oft unternahmen die Griechen einen Raubzug gegen einen der Orte in der Nähe von Troja. Berühmt wurden vor allem die Beutezüge des Achilleus gegen die mysischen Städte Thebe und Lyrnessos. Aus dieser Stadt schleppte der Held die schöne Briseis als seine Gefangene mit sich, während der Heerführer Agamemnon aus der Beute von Thebe die Sklavin Chryseis erhielt.

Unter den Kämpfen zwischen Achäern und Trojanern selbst erinnerte man sich besonders an diejenigen bei der Landung der Hellenen in der Troas. Dabei schienen die Trojaner zunächst siegreich zu bleiben. Aber bald mußten sie sich hinter die uneinnehmbaren Bollwerke ihrer Burg zurückziehen, nachdem Achilleus einen ihrer wichtigsten Bundesgenossen erschlagen hatte, den Kyknos, einen Sohn des Poseidon.

DER TOD DES PRINZEN TROILOS

In diese Anfangsphase der Belagerung gehört auch eine andere Episode von gewichtiger Bedeutung, nämlich der Tod des Trojanerprinzen Troilos von der Hand des Achilleus. Erst später wurde klar, wie wichtig dieser Mord für das Kriegsende werden sollte.

Schon vor langer Zeit war ein Orakel ergangen, daß Troja nicht erobert werden konnte, wenn der Prinz Troilos, ein Sohn des Priamos und der Hekabe, zwanzig Jahre alt würde. (Übrigens mutmaßte man, daß der schöne Knabe nicht der leibliche Sohn des Priamos sei, sondern daß er von Apollon gezeugt war.)

Von dieser Weissagung wußte auch Achilleus und lauerte dem Jüngling auf, als dieser an den Brunnen vor der Stadtmauer von Troja ging, um seine Pferde zu tränken. Er war in Begleitung seiner Schwester Polyxena, die an derselben Quelle einen Krug Wasser holte. Achilleus sprang im rechten Augenblick aus seinem Versteck hervor und erschlug den armen Prinzen, der nicht mehr schnell genug vor den gewaltigen Sätzen des Helden fliehen konnte.

Achilleus lauert hinter einem Brunnen Troilos auf, der sein Pferd zur Tränke führt. Etruskische Malerei des 6. Jh. v. Chr. Tarquinia, Tomba dei Tori.

Die Boten des Agamemnon, der das griechische Heer befehligt, nehmen Achilleus die Sklavin Briseis fort, die er als Kriegsbeute erhalten hatte; der Held gerät darüber in Wut, zieht sich grollend in sein Zelt zurück und weigert sich, am Kampf teilzunehmen. Zeichnung nach einem Detail einer rotfigurigen attischen Schale aus Vulci, um 470 v. Chr. London, British Museum: Inv.-Nr. E 76.

DER ZORN DES ACHILLEUS

Im zehnten Jahr der Belagerung Trojas entbrannte zwischen dem stärksten der Achäer und dem Heerführer Agamemnon ein Streit um den Besitz der Sklavin Briseis. Jetzt überstürzten sich die Ereignisse, die der frühgriechische Dichter Homer ausführlich in seinem großen Epos vom trojanischen Krieg, der 'Ilias', schildert.

Im griechischen Lager brach eine Pest aus, die das Heer entscheidend schwächte und nicht weichen wollte. Daher wandten sich die Krieger um Rat an den Seher Kalchas. Er offenbarte ihnen: «Der Gott Apollon hat die Plage geschickt. Er zürnt den Achäern, denn Chryseis, die Tochter seines Priesters Chryses, ist bei der Eroberung von Theben geraubt worden, obwohl sie unter göttlichem Schutz stand. Agamemnon hat sie als Anteil an der Beute erhalten.» Achilleus rief nun die Männer zu einer Heeresversammlung zusammen, und man beschloß, daß Agamemnon das Mädchen wieder freigeben und zu ihrem Vater zurückführen sollte. Der Feldherr hatte nichts dagegen, stellte aber die Bedingung, daß ihm Achilleus zum Ausgleich die junge Magd Briseis auslieferte.

Damit war Achilleus natürlich nicht einverstanden und zog sich grollend in sein Zelt zurück. Er wußte, daß er damit eigenmächtig und anmaßend handelte. Aber er schwor, daß er sich mit seinen Leuten künftig solange aus dem Kampf zurückziehen wolle, wie Agamemnon seine Rechte auf das Mädchen mit Füßen träte. Als die Herolde kamen, um Briseis abzuholen, gab er sie gehorsam heraus, aber in seinem Inneren nagte ein wütender Schmerz. Er begab sich ans Meer, um die Hilfe seiner Mutter Thetis zu erflehen.

Die Meeresgöttin wußte, daß die Achäer den Trojanern nur solange überlegen waren, wie auch Achilleus auf ihrer Seite focht. Daher riet sie ihrem Sohn, er solle die Feinde ruhig angreifen und bis zum Schiffslager vorstoßen lassen. In letzter Not werde Agamemnon schließlich doch

*Beleidigt über die Eigenmächtigkeit des Agamemnon, der ihm die Sklavin Briseis weggenommen hat, zieht sich Achilleus vom Kampf zurück und weigert sich, an den Gefechten teilzunehmen. Stattdessen verbringt er seine Zeit beim Würfelspiel mit seinem treuen Gefährten Ajax. Schwarzfigurige attische Amphora etwa aus der Zeit um 510 v. Chr.
Rom, Museo di Villa Giulia.*

nachgeben und sich bittend wieder an ihn wenden. Thetis ging sogar zum Göttervater Zeus persönlich. Dieser verwehrte der liebreizenden Nereide ihren Wunsch nicht, und die Waagschale des Kriegsglücks senkte sich solange für die Trojaner, wie Achilleus dem Krieg fernblieb.

DER TOD DES PATROKLOS

Die Lage wurde für die Achäer immer aussichtsloser, denn die Trojaner stießen unter Führung Hektors, des Sohnes von König Priamos, bald bis zu den Schiffen vor. Da entschloß sich Agamemnon, eine Gesandtschaft an Achilleus zu schicken. Er ließ den Helden inständig bitten, zum Griechenheer zurückzukehren. Zur Belohnung wollte er ihm auch die holde Briseis zurückgeben und bot ihm obendrein prächtige Geschenke als Trost für die erlittene Schmach. Nach dem Fall der Burg Ilion sollte der Held zwanzig der schönsten Weiber der Stadt als Beute bekommen und die Hand einer der Priamostöchter.
Aber Achilleus blieb unnachgiebig, obwohl ihn selbst sein enger Freund Patroklos auf die ernste Lage der Achäer hinwies. Die beiden waren seit früher Jugend unzertrennliche Gefährten und hatten schon manches Abenteuer gemeinsam überstanden. Patroklos versuchte alles

An den Leichenspielen, die Achilleus zu Ehren des von Hektor getöteten, treuen Gefährten Patroklos veranstaltet, nimmt das gesamte Heer teil, das der Tapferkeit des gefallenen Helden Ehre erweist. Fragment eines Dinos (kugeliges Weingefäß), von dem großen Athener Maler Sophilos (mit Signatur) um 580 v. Chr. in schwarzfigurigem Stil bemalt und in Pharsalos aufgefunden.
Athen, Archäologisches Nationalmuseum: Inv.-Nr. 15499.

mögliche, aber er konnte ihn nicht zur Wiederaufnahme des Kampfes bewegen. Schließlich erbat er sich vom Freund das Kommando über das Heer der Myrmidonen, um mit ihnen in die Schlacht zu ziehen. Achilleus willigte ein und gab ihm sogar die eigenen Waffen, die den Feinden allein durch ihren Anblick Furcht einjagen konnten, denn die Trojaner sollten glauben, nun würde der gefürchtete Krieger selbst das Kampfesglück wenden.

So gerüstet schritt Patroklos beherzt in den Kampf und richtete unter den Kriegern von Ilion ein furchtbares Gemetzel an. Als die trojanische Schlachtreihe jedoch zu wanken begann und sich zur Flucht anschickte, gerade in dem Moment, als Patroklos gegen den Streitwagen des Hektor anging und sogar den Wagenlenker Kebriones erschlug, griff ein göttliches Geschick ein. Apollon selbst führte Hektor die Hand, und der junge Freund des Achilleus fand ein schnelles Ende durch das Schwert. Sofort entspann sich ein heftiger Kampf um den Leichnam des Patroklos. Hektor hatte ihm die Götterwaffen abgenommen, welche einst Thetis ihrem Sohn Achilleus überreicht hatte. Sie waren ein Hochzeitsgeschenk des Schmiedegottes Hephaistos an das Elternpaar gewesen.

Bald war auch Achilleus vom Tod des geliebten Freundes benachrichtigt. Er war zunächst vor Kummer wie gelähmt, faßte sich jedoch sogleich wieder und schwor dem Trojaner bittere Rache. So verbohrt er vorher in seinem Groll gewesen war, so unberechenbar wurde er nun im Zorn. Ohne Wehr und Waffen stürzte er sich dorthin, wo das Gefecht am heftigsten tobte und trieb die Trojaner allein mit seinem Gebrüll in die Flucht, so daß sie Patroklos' Leichnam preisgaben. Zu Ehren des Freundes veranstaltete Achilleus ein Begräbnis von außergewöhnlichem Gepränge. Alle achäischen Heerführer nahmen an den sportlichen Wettkämpfen teil, den traditionellen Leichenspielen für hochgeachtete Männer. In seiner finsteren Wut schlachtete Achilleus schließlich zwölf gefangene Trojaner am Grab des Patroklos.

ACHILLEUS' RACHE

Der Tod seines geliebten Freudes hatte Achilleus in wilden Schmerz gestürzt. Nun dürstete ihn nach Rache. Er richtete endlich wieder das Wort an Agamemnon und stellte sich für den gemeinsamen Kampf gegen die Trojaner zur Verfügung. Seite an Seite mit den anderen Achäern wollte er nun wieder gegen die Festung Ilion stürmen.
Die Waffen des Helden waren von Hektor geraubt, aber seine Mutter Thetis ließ ihm von Hephaistos eine neue Wehr schmieden. So gerüstet wollte er sich schon ins Getümmel stürzen, als sein göttliches Roß Xanthos auf einmal mit menschlicher Stimme zu ihm sprach und ihm den baldigen Heldentod prophezeite.
Achilleus achtete nicht auf diese schlimme Weissagung und sorgte sich um keine Gefahr. Er stürmte mitten in den größten trojanischen Kriegshaufen, der vor lauter Angst und Schrecken sogleich auseinanderstob. Nur der Held Äneas wollte sich ihm entgegenstellen, aber er wurde durch den Ratschluß der Götter gehindert, denn auf ihn wartete ein anderes Geschick.
Auch Hektor wollte den Zweikampf mit Achilleus wagen, aber die göttliche Vorsehung hatte die beiden Kampfhähne noch nicht füreinander bestimmt. So konnte der Achäer seinen Marsch gegen die Mauern von Ilion fast unbehindert fortsetzen. Er durchwatete den Fluß Skamander und nahm viele junge Trojaner gefangen, die er später am Grabe des Patroklos opfern wollte. Der Flußgott wollte dem Gemetzel endlich Einhalt gebieten, das seine Wasser verschmutzte. Skamander wälzte sich aus seinem Flußbett und ballte sich gegen den Helden zu vernichtendem Schlage zusammen. Aber er wurde im letzten Augenblick daran gehindert, denn der Gott Hephaistos befahl ihm, sofort seinen alten Lauf fortzusetzen.
Achilleus eilte nun zum Stadtor, um den fliehenden Troern den Rückweg abzuschneiden. Aber erneut griff Apollon ein. Er verwirrte ihm die Sinne, daß er sich auf dem Schlachtfeld verlief. Als er sich endlich zurechtfand und sich vor dem Portal der Festung aufstellen wollte, war es schon zu spät. Die Feinde hatten sich wieder hinter ihre sicheren Mauern zurückgezogen. Nur ein einziger war draußen geblieben, um den Rasenden zu erwarten: Hektor. Er achtete nicht darauf, daß sein Vater Priamos sich vor Angst und Schmerz die Haare ausraufte und ihn von der Mauer herab anflehte, endlich auch heimzukehren. Fest und ruhig blieb er auf seinem Posten stehen. Auf diese Gelegenheit zur Rache am Mörder des Patroklos hatte Achilleus nur gewartet. Als sich beide Gegner Auge in Auge gegenüberstanden, bekam es der Trojaner doch

Achilleus macht seine berühmten Schlachtrosse für den Kampf bereit. Es sind außergewöhnliche Pferde, die sogar sprechen und die Zukunft voraussagen können. Fragment eines Kelches in rotfigurigem Stil, den der große Athener Maler Nearchos (mit Signatur) um 560 v. Chr. schuf.
Athen, Archäologisches Nationalmuseum: Inv.-Nr. Acr. 611.

mit der Angst und rannte fort. Achilleus hinterher! Sie liefen beide dreimal um den Burghügel von Ilion herum, bis der Verfolger aufgeholt hatte.

Im hohen Olymp ließ Zeus unterdessen die Waage des Schicksals sprechen, und Hektors Waagschale senkte sich tief herab. Sein Tod war nun unausweichlich, und selbst sein Schutzgott Apollon konnte nun nicht mehr helfen. Statt dessen stellte sich die geschworene Feindin der Troer, Athena, auch noch auf die Seite des Achilleus. Sie nahm die Gestalt von Hektors Bruder

ter auslöschen wollte, was an seinem Leib als Erbe des sterblichen Vaters von vergänglicher Natur war. Daher tauchte sie den kleinen Knaben in die wundersamen Wasser des Unterweltsflusses Styx, um ihn unverwundbar zu machen. Aber sie mußte ihn dabei an der Ferse festhalten. Diese Stelle blieb vom Zauberwasser unbenetzt und war deshalb für alle Zeiten verletzlich. Wir sprechen noch heute von einer ‚Achillesferse', wenn wir meinen, daß jemand irgendwo einen wunden Punkt hat. So war es auch der Göttin selbst nicht gelungen, das Schicksal zu umgehen, und ihr herrlicher Sohn fand einen frühen Tod.

DER KAMPF UM ACHILLEUS' WAFFEN UND DER SELBSTMORD DES AJAX

Ajax war der Sohn des Telamon und herrschte als König auf der Insel Salamis. Gerühmt wurde seine Stärke und Schönheit, vor allem aber seine Körpergröße. Mit einer Flotte von zwölf Schiffen nahm auch er am Kriegszug gegen die Trojaner teil. Vor den Mauern von Ilion nannte man ihn nach Achilleus als zweiten der Helden, denn er war mutig und verstand zu fechten. Nach dem Tod des Achilleus verfügte Thetis, daß die Waffen des Helden dem Edelsten der Griechen zukommen sollten. «Wer den größten Schrecken unter den Einwohnern von Ilion verbreitet, ist auch der Rüstung meines edlen Sohnes würdig!» sagte sie. Ajax glaubte, daß ihm diese Ehre zustände. Die trojanischen Gefangenen wurden befragt, wer von den Achäern sie am meisten ängstigte. Sie antworteten bösartig: «Nicht Ajax, sondern Odysseus vermag Ilion die meiste Furcht einzuflößen.» Noch wußten sie nicht, wie recht sie damit einmal behalten sollten. So nahm man Ajax die Waffen wieder ab, die er schon sein Eigen glaubte. Er wurde darüber so schwermütig, daß er in Wahnsinn verfiel. In der Nacht irrte er vor dem Zelt umher und glaubte, die achäischen Heerführer vor sich zu sehen, die ihm die Heldenwaffen mißgönnt hatten. Er geriet in Wut und stürzte sich in den Kampf. Aber in seiner Umnachtung metzelte er die Rinderherde nieder, das kostbare Proviant des griechischen Heeres. Am Morgen erwachte er wieder aus seiner Umnachtung und erkannte seine Missetat. Mit dieser Scham wollte er nicht mehr leben und stürzte sich in sein eigenes Schwert.

Nach dem dramatischen Entschluß, sich selbst umzubringen, steckt Ajax das Schwert in den Boden, in das er sich stürzen will. Denn er kann mit der Schmach nicht leben, daß Agamemnon ihm die Waffen des im Kampf getöteten Achilleus verweigert hat. Zeichnung nach einer schwarzfigurigen Amphora, die der berühmte Athener Töpfer und Maler Exekias um 540 v. Chr. schuf. Boulogne-sur-Seine, Gemeindemuseum: Inv.-Nr. 558.

Thetis, die Mutter des Achilleus, hält den Schild und die Lanze des Sohnes, während der Held sich die Beinschienen anlegt; links Peleus, sein Vater und König von Phthia; rechts Neoptolemos. Rundes Innenbild eines schwarzfigurigen Tellers des Malers Lydos, um 550 v. Chr. Athen, Archäologisches Nationalmuseum. Inv.-Nr. 507.

Rache. Er durchbohrte ihm die Füße, band sie an seinem Streitwagen fest und schleifte den toten Körper um die Stadtmauern von Troja herum. Schließlich kehrte er mit der barbarischen Beute ins Lager zurück. Aber diese Demütigung der Familie des Gefallenen und aller Trojaner, denen Hektor die letzte Hoffnung im Krieg gewesen war, genügte Achilleus noch nicht. Jeden Tag kam er und umrundete aufs neue die Stadt mit dem geschundenen Kadaver des Feindes.

Erst nach zwölf Tagen fand dieses blutige Schauspiel ein Ende: Zeus sandte Thetis mit der Botschaft zu Achilleus, die Götter seien über seine Respektlosigkeit gegen den Toten erzürnt. Als sich Priamos eines Nachts mit reichen Geschenken beladen in das Lager der Griechen schlich, um die Leiche seines Sohnes Hektor gegen ein hohes Lösegeld freizukaufen, gab der Held sie gerne heraus. Ja, – im Angesicht des greisen Königs erinnerte er sich seines eigenen Vaters, den er nach der Prophezeiung niemals wiedersehen würde, und weinte zusammen mit dem feindlichen Herrscher.

ACHILLEUS' TOD

Nach dem Tod des Hektor sollte sich auch das Schicksal des Achilleus bald erfüllen. Seine Mutter Thetis hatte ihm schon beim Aufbruch nach Troja seine Bestimmung offenbart: Wenn er seine Tage friedlich in der Heimat verbringe, würde sein Leben dem Vergessen anheimfallen. Vor der Burg von Ilion dagegen erwarte ihn ein kurzer, aber glorreicher Kampf, und er werde sich mit unsterblichem Ruhm bedecken. Aber zugleich erwarte ihn dort ein rascher Heldentod im Kampf.

Viele Geschichten ranken sich um das Ende des Helden, das in Homers Ilias nicht mehr berichtet wird. Man spricht davon, daß er mitten im Kampf durch einen Pfeil des Paris getötet wurde, welchen Apollon ins Ziel lenkte.

Andere erzählen, daß Paris seinen tödlichen Schuß abgab, als Achilleus sich unbewaffnet zu einem Stelldichein mit der Prinzessin Polyxena einfand, einer Tochter von Priamos und Hekabe. Daß an dieser Geschichte vom Liebesverhältnis zwischen Achilleus und Polyxena etwas Wahres ist, bestätigen mehrere Dichter. Ihnen zufolge verliebte sich der Held in die schöne Prinzessin und forderte ihre Hand als Lösegeld für den Leichnam des toten Hektor. Nicht weit von den Toren der Stadt war der Tempel des Apollon Thymbraios, wo der Austausch stattfinden sollte. Hier legte Paris sich hinter der Statue des Gottes in den Hinterhalt. So konnte er aus nächster Nähe zielen und traf genau die einzige Stelle, wo der Held verwundbar war, nämlich die Ferse. Damit hat es folgende Bewandtnis: Achilleus war noch ein kleines Kind, als seine göttliche Mut-

Achilleus, der sich am Tod seines Kampfgenossen Patroklos gerächt und den trojanischen Helden Hektor getötet hatte, schleift den nackten und entwaffneten Leichnam seines Gegners tagtäglich um die Stadtmauern von Troja und rund um den Grabhügel von Patroklos, dessen kriegerischer Geist noch umherirrt. Die schmähliche Behandlung des Leichnams ihres geliebten Sohnes schmerzt den alten König Priamos, dessen Haar und Bart weiß geworden sind, und seine Frau Hekabe, die sich verzweifelt an den Kopf schlägt. Im Vordergrund die durch göttliche Vorsehung geschickte Iris. Nur das Eingreifen der geflügelten Botin des Zeus vermag die Schmach zu beenden: der Göttervater hatte sie zu Achilleus' Mutter Thetis geschickt, damit sie ihren Sohn bitten möge, die Schändung von Hektors Körper einzustellen. Zeichnung nach einer schwarzfigurigen attischen Hydria eines Malers aus der sogenannten Leagros-Gruppe, um 510 v. Chr. Boston, Museum of fine Arts: Inv.-Nr. 63473.

Deiphobos an und rief, er solle den Kampf mutig wagen, denn sie wären nun zu zweit. Als Hektor den Trug bemerkte, war es schon zu spät. Die tödlichen Hiebe trafen ihn, und es wurde dunkel um seine Augen. Im letzten Atemzug sagte er seinem übermächigen Gegner den baldigen Tod voraus und bat ihn inständig, seine Leiche dem Vater Priamos auszuliefern.
Aber Achilleus war noch immer vom Zorn über den Tod des geliebten Patroklos erfüllt und achtete nicht auf die Worte. Statt dessen nahm er noch am Leichnam seines Gegners grausame

Kassandra, Laokoon und das trojanische Pferd

Die Griechen hatten nunmehr zehn Jahre lang vergeblich versucht, gegen die Mauern von Ilion anzurennen. Manchmal war ihnen das Kriegsglück hold gewesen, aber bittere Fehlschläge hatten sie immer wieder zurückgeworfen. Sie wußten nicht mehr, wie sie den Kampf ehrenvoll beenden und als Sieger in die Heimat zurückkehren konnten. Nun war die Stunde des Odysseus gekommen, den man auch ‚den Listenreichen' nannte. Er schlug einen gut durchdachten Plan vor: «Wir müssen in die Stadt eindringen. Ich meine, das beste ist, wir bauen ein hölzernes Pferd, in dem die besten von uns sich verstecken. Die anderen ziehen zum Schein ab. Die Trojaner selbst sollen das Pferd in ihre Mauern bringen, um es im Heiligtum der Athena zu weihen. Wir können die Leute in der Burg dann im Schlaf überraschen. Einer muß zum Schein als Verräter zu den Trojanern flüchten und ihnen einreden, wir hätten uns endgültig zurückgezogen und die Gefahr sei vorbei. Sinon wäre wohl der Beste dafür.»

Der Plan fand allgemeinen Beifall und wurde angenommen. Die Achäer verbrannten ihre Zelte und zogen fort. Freilich ruderten sie nur bis hinter die Insel Tenedos, wo sie von Troja aus nicht mehr sichtbar waren.

Die Verteidiger von Ilion erblickten am nächsten Morgen das zerstörte Lager und das riesige hölzerne Pferd. Sinon erklärte ihnen, es sei eine Weihegabe an Athena für die glückliche Heimkehr der Achäer. Man hätte es so groß gemacht, damit die Trojaner es nicht in ihre Stadt bringen könnte und durch die Weihung im Heiligtum ihrer Stadtgöttin den Segen der Olympier erlangen könnten. Alle brachen in Jubelschreie aus, denn sie glaubten die Griechen besiegt. Schnell war ihr Plan bei der Hand: die Mauer sollte eingerissen werden, damit man das segenspendende Wundertier aus Holz in die Stadt bringen konnte.

Aber nicht alle stimmten in den Sturm der Begeisterung ein, der die Stadt erfaßte. Einige waren mißtrauisch gegen die Griechen im Allgemeinen und im Besonderen gegen Sinon, der so einschmeichelnd reden konnte. Besonders die Prinzessin Kassandra und der Apollonpriester Laokoon suchten mit allen Mitteln zu verhindern, daß das Pferd in die Stadt gezogen wurde.

Die junge Kassandra, eine Tochter von Priamos und Hekabe, hatte die Fähigkeit zu weissagen. Der Orakelgott Apollon selbst hatte ihr diese Gabe verliehen. Er war nämlich einst in die schöne Königstochter verliebt und gelobte ihr die prophetische Kunst, wenn sie sich ihm freiwillig hingeben wollte. Als er sie aber in die Seherkunst eingeweiht hatte, verweigerte sie sich ihm

Vorausgehende Seite: Laokoon und seine Söhne hatten die Trojaner davor gewarnt, das Pferd in ihre Mauern zu bringen, und werden dafür von Schlangen verschlungen, die Apollon geschickt hat. Monumentale Skulpturengruppe etwa aus dem Jahr 50 v. Chr., ein Werk der Künstler Hagesandros, Polydoros und Athanadoros aus Rhodos, Kopie nach einem Bronze-Original, 140-139 v. Chr.
Vatikanische Museen: Inv.-Nr. 1059, 1064, 1067.

Das trojanische Pferd. Detail eines Freskos aus einem Haus in Pompeji (um 70 n. Chr.). Neapel, Archäologisches Nationalmuseum.

Die bis an die Zähne bewaffneten Griechen schlüpfen des nachts aus ihrem Versteck in dem berühmten hölzernen Pferd (man beachte die Räder, auf denen sich das Pferd mühelos fortbewegen ließ!). Dank dieser Strategie, die sich der kluge und erfindungsreiche Odysseus ausgedacht hatte, gelang es den Griechen nach zehnjähriger Belagerung, in die feindliche Stadt einzudringen, sie auszuplündern und zu zerstören. Zeichung der Szene am Hals eines Pithos (großer Terrakottakrug) mit Reliefdekoration, hergestellt auf den Kykladen - vermutlich auf der Insel Tinos - um 670 v. Chr.
Mykonos, Archäologisches Museum: Inv.-Nr. 2240.

doch. Apollon vergalt ihr den Betrug, indem er sie dazu verurteilte, daß niemand den Weissagungen des Mädchens Glauben schenkte.

Schon vor dem Krieg hatte sie verkündet, daß Paris an seinem eigenen Volk frevle. Ihr Bruder hatte nämlich behauptet, das Diebesgut aus dem Palast des Menelaos zu Sparta sei Beute aus einem Kriegszug. Als er sich dann offen mit Helena zeigte, sagte Kassandra vor aller Ohren, die Entführung der schönen Gemahlin des Menelaos werde die Stadt ins Verderben stürzen. So geschah es auch, als sie das Geheimnis des hölzernen Pferdes vor aller Ohren verkündete. Die Trojaner blieben taub für Kassandras Warnungen, wie sie es während des ganzen Krieges gewesen waren, und verhöhnten sie nur für ihre weisen Ratschläge.

Als alle sich am Strand versammelt hatten, nahm der Priester Laokoon einem Krieger die Lanze fort und schleuderte sie gegen den Bauch des mächtigen Holzpferdes. Der Aufprall klang hohl wieder, aber keine Trojaner schöpfte irgendeinen Verdacht. Laokoon beschwor verzweifelt seine Mitbürger, dahinter würde bestimmt eine Teufelei des listigen Odysseus stecken. Aber keiner glaubte ihm.

Wenig später wollte Laokoon dem Poseidon am Meeresufer ein Stieropfer darbringen, damit dieser ein Unwetter gegen die Flotte der Achäer sendete. Da stiegen aus den Meereswogen auf einmal zwei riesige und furchterregende Schlangen hervor, stürzten sich auf die Söhne des Priesters und erdrosselten sie. Der bestürzte Vater rannte herbei, um ihnen zu helfen, aber auch er wurde von den Ungeheuern gepackt und umschlungen. So fanden alle drei ein schreckliches Ende und wurden von den Bestien zerrissen, die sofort danach wieder ins dunkle Wasser zurückglitten.

Die Trojaner hielten das Geschehene für einen Wink der Götter und glaubten, Laokoon habe mit seinen Worten und seinem Lanzenstoß die Göttin Athena beleidigt. Es handelte sich zwar wirklich um einen Akt göttlicher Rache, aber nicht für die Beschimpfung des hölzernen Pferdes. Vielmehr bestrafte Apollon seinen Priester, weil dieser sich einst mit seiner Frau im Tempel des Gottes selbst in Liebe vereinigt hatte und so den heiligen Ort entehrt hatte. Aber das konnten die verblendeten Trojaner nicht erkennen und so wurde das verderbenbringende Pferd unter großem Gepränge in die Stadt geführt.

DIE ZERSTÖRUNG VON TROJA

Die Trojaner glaubten, nun endlich Frieden zu haben und feierten den scheinbaren Abzug der Griechenflotte mit einem großen Fest, nachdem sie wirklich für das Pferd eine Bresche in ihre eigene Mauer geschlagen hatten. Die Stunden vergingen in fröhlichem Tanz und Gesang, Ströme guten Weines rannen durch die Kehlen. Als alle Bürger erschöpft schliefen, konnte Sinon ohne Furcht sein Werk beginnen. Er stieg auf die Stadtmauer und schwenkte eine lange Fackel zum Zeichen für die Griechen, die im Schutz der Dunkelheit von Tenedos an die Küste Ilions zurückkehrten.

Dann ging er zum hölzernen Pferd und befreite seine schwerbewaffneten Gefährten aus dem Bauch des Tieres. Die Griechen stürzten sich sofort in wilder Mordlust auf die wehrlosen und noch halb betrunkenen Trojaner und legten Feuer an ihre Stadt. Diese wollten sich so gut es ging verteidigen, nur mit Hausgerät, Spießen und den brennenden Balken ihrer Häuser bewaffnet. Aber sie konnten der Kampfeswut der Achäer, welche sich in nunmehr zehnjähriger Belagerung aufgestaut hatte, nicht mehr Herr werden.

Schreckliche Szenen werden von der Plünderung der Burg Ilion berichtet. Neoptolemos, der Sohn des Achilleus, erschlug erbarmungslos den greisen König Priamos, der sich an den Altar des Zeus geflüchtet hatte. Den Sohn des Hektor, den kleinen Astyanax, rissen sie brutal aus den

Ajax schändet Kassandra: eine dramatische Phase der Zerstörung Trojas (Iliupersis). Der griechische Held Ajax, Sohn des Oileus, dringt in den Königspalast ein, wo er Kassandra überfällt, die sich ins Athena-Heiligtum geflüchtet hatte. Marmorvase mit Relieffiguren, sogenannter "Medici-Krater" (augusteische Zeit). Florenz, Uffizien.

Armen seiner wimmernden Mutter Hekabe und warfen ihn von der Burgmauer herab. Aiax, der Sohn des Oileus, fetzte der armen Kassandra, welche sich an das Kultbild der Athena geflüchtet hatte, die Kleider vom Leib und vergewaltigte sie im Heiligtum der Göttin selbst. Nun konnten ihr nicht einmal mehr die Schutzgötter von Ilion noch helfen, denn das Schicksal der Stadt und ihrer Bewohner war besiegelt und das Unglück nahm seinen Lauf. Allein der Familie des Äneas war ein anderes Geschick beschieden.

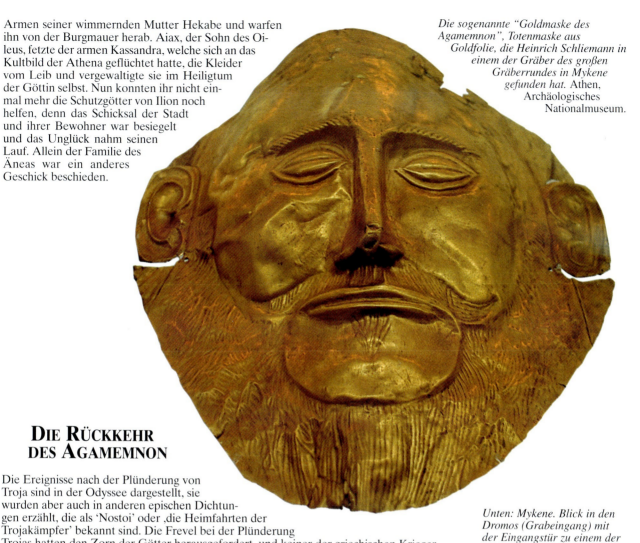

Die sogenannte "Goldmaske des Agamemnon", Totenmaske aus Goldfolie, die Heinrich Schliemann in einem der Gräber des großen Gräberrundes in Mykene gefunden hat. Athen, Archäologisches Nationalmuseum.

DIE RÜCKKEHR DES AGAMEMNON

Die Ereignisse nach der Plünderung von Troja sind in der Odyssee dargestellt, sie wurden aber auch in anderen epischen Dichtungen erzählt, die als 'Nostoi' oder 'die Heimfahrten der Trojakämpfer' bekannt sind. Die Frevel bei der Plünderung Trojas hatten den Zorn der Götter herausgefordert, und keiner der griechischen Krieger konnte ihm entfliehen. Wie erging es dem Heerführer der Griechen, Agamemnon, nach seinem siegreichen Kampf?

Seine Frau Klytämnestra war eine Schwester der wankelmütigen Helena. Sie war ihrem Mann treu geblieben, bis sie erfuhr, daß er sich im Lager mit der Sklavin Chryseis eingelassen hatte. Als sie die Nachricht von der Untreue ihres Gatten erhielt, ahnte sie Schlimmes für ihre künftige Stellung als Königin. Schon vorher hatte der junge Ägisthos ihr schöne Augen gemacht und heimlich von Liebe und Ehe gesprochen. Nun war sie nicht mehr gewillt, seine Werbung zurückzuweisen. Zunächst schickte sie den Sänger Demodokos fort, welchen Agamemnon ihr als Ratgeber zurückgelassen hatte. Dann gab sie sich Ägisthos hin und die beiden lebten fortan als Herrscher im Königspalast von Argos.

Ägisthos hatte Weisung erteilt, daß vom Meeresufer mit Fackeln Nachricht gegeben werden sollte, sobald sich die Flotte des Agamemnon zeigte. Als es soweit war, wurde für den rechtmäßigen Herrscher ein prächtiges Empfangsbankett vorbereitet, das zugleich seine Henkersmahlzeit sein sollte. Auf dem Höhepunkt des Festes wurde der Wehrlose von Ägisthos und seinen zwanzig Helfern erschlagen.

Nach einer anderen Erzählung ermordete Klytämnestra selbst ihren Gatten, um die ruchlose Tötung der Iphigenie vor der Ausfahrt in Aulis zu rächen. Sie streifte Agamemnon nach dem Bade ein Gewand mit zugenähten Öffnungen über, so daß er sich nicht bewegen konnte. Die eigene Ehefrau konnte ihn nun ohne Widerstand kaltblütig abschlachten.

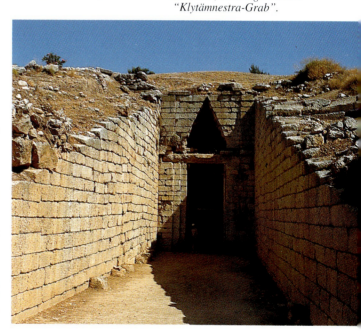

Unten: Mykene. Blick in den Dromos (Grabeingang) mit der Eingangstür zu einem der großen Gräber der Nekropole der Stadt, dem sogenannten "Klytämnestra-Grab".

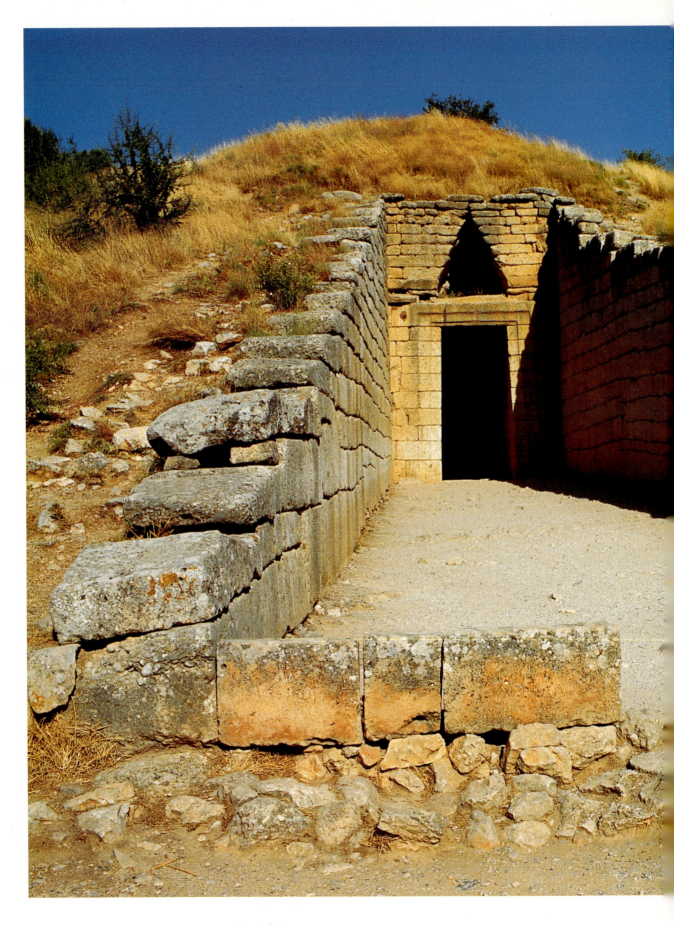

Mykene. Ein langer schmaler Dromos (Grabeingang) führt in das mächtige Tholosgrab (Kuppelgrab), auch "Agamemnon-Grab" genannt, das von Heinrich Schliemann entdeckt wurde. Das als Meisterwerk der mykenischen Grabarchitektur angesehene Monumentalgrab besteht aus einem Raum mit Zentralgrundriß, über dem sich eine Kuppel aus 31 Steinreihen wölbt; seitlich befindet sich ein kleiner Raum für die Aufbewahrung der Grabbeigaben. Das Ganze war mit einem Erdhügel bedeckt, dessen Schub dazu beitrug, die gesamte Konstruktion im Gleichgewicht zu halten, während das Zwickelfeld (zur Entlastung) über dem Türsturz dazu diente, das Gewicht des Gewölbes an der Türöffnung zu tragen. Das Ganze war mit Türpfosten, Wandssäulen und Rahmungen aus Halbedelsteinen und Reliefdekorationen geschmückt.

Hier fand auch das unglückliche Leben der armen Kassandra sein Ende. Die trojanische Seherin wurde von der wütenden Klytämnestra mit einem Beilhieb umgebracht. Die Königin hatte ihr nichts anderes vorzuwerfen, als daß Agamemnon sie bei der Verteilung der trojanischen Beute erlost und allmählich großen Gefallen an ihr gefunden hatte.
Das blutige Schicksal des Atridenhauses war damit aber noch nicht erfüllt. Einige Jahre später kam Orest, der Sohn von Agamemnon und Klytämnestra, in sein Vaterland zurück. Einst war er von seinem Erzieher fortgebracht worden, um ihn vor der Raserei der Klytämnestra zu beschützen. Nun nahm er blutige Rache für seinen Vater, indem er die eigene Mutter und ihren Liebhaber erschlug.

Die Königin Klytämnestra tötet die junge Kassandra, die Agamemnon als seine Geliebte und Sklavin aus dem Krieg nach Argos gebracht hatte. Bronzefolie aus dem Heraion in Argos (um 650 v. Chr.).
Athen, Archäologisches Nationalmuseum.

Klytämnestra und ihr Geliebter Ägystos töten Agamemnon nach seiner Rückkehr aus dem Trojanischen Krieg (um 630 v. Chr.). Votivtäfelchen aus Terrakotta aus Gortis (Kreta).
Iraklion (Herakleion), Archäologisches Museum.

Klytämnestra tötet Kassandra, die vergeblich versucht, hinter einen Altar zu flüchten. Rundes Innenbild einer rotfigurigen attischen Schale, Vasenmalerei um 430 v. Chr.
Ferrara, Museo Archeologico Nazionale.

V.
DIE ODYSSEE: DIE IRRFAHRTEN DES ODYSSEUS

Odysseus stammte von der kleinen Insel Ithaka vor der Küste des nordwestlichen Griechenland. Auch er hatte eine schwere Heimfahrt vor sich. Nach den zehn Jahren der Belagerung von Troja mußte er ein weiteres Jahrzehnt umherziehen, bis er die Heimat erreichte. Das epische Gedicht von der Irrfahrt des Odysseus ist uns in Homers 'Odyssee' überliefert.

DIE LOTOPHAGEN

Der Aufbruch von Troja entwickelte sich turbulent, denn Odysseus geriet zu guter Letzt mit Menelaos in Streit. Dann trennte ein schweres Unwetter auf hoher See die Männer aus Ithaka von der übrigen Flotte unter der Führung des Agamemnon. Zunächst reisten sie nun in südlicher Richtung und wurden durch einen mehr und mehr auffrischenden Wind durch die Straße von Kythera getrieben.

Nach zwei weiteren Tagen Fahrt landeten sie im Land der Lotophagen, der ‚Lotosesser'. Diese Gegend entspricht dem heutigen Tripolitanien in Libyen. Odysseus schickte Kundschafter aus, die bald auf Einheimische trafen und von ihnen gastfrei bewirtet wurden.

Die Männer aus Ithaka bekamen eine landesübliche Speise serviert, welche die Einwohner bei jeder Gelegenheit zu sich nahmen, den sogenannten Lotos. Sie probierten die köstlichen Früchte und waren begeistert. Aber kaum hatten sie den ersten Bissen davon genommen, vergaßen sie alles andere und wollten nicht einmal mehr in die Heimat zurück. Odysseus mußte Gewalt anwenden, um sie wieder auf die Schiffe zu treiben.

Das Abenteuer des Odysseus, bei dem es dem Helden gelingt, mit Hilfe seiner Gefährten den Kyklopen Polyphem zu blenden, ist sowohl auf griechischen Vasen (oben, 650 v. Chr.), Archäologisches Museum in Eleusis, *als auch auf etruskischen Vasen (unten, 530 v. Chr.),* Rom, Villa Giulia, *dargestellt.*

IM LAND DER KYKLOPEN

Mit günstigem Wind stach das Schiff wieder Richtung Norden in See. Odysseus und seine Gefährten kamen an eine Insel, die von zahlreichen Wildziegen bevölkert war, so daß sie sich stärken konnten und ihre Proviantvorräte auffüllten.

Schließlich gelangten sie in das Land, das wir heute Sizilien nennen. Dort wohnten damals die Kyklopen, riesige und ungehobelte Kerle, die nur ein einziges Auge unter der Stirn trugen. Ihr einziger Reichtum bestand in gewaltigen Ziegenherden, denn sie waren gute Hirten. Es sind mancherlei Geschichten in Umlauf, daß sie viele Orte mit Mauern befestigten und man nennt diese noch heute ‚Zyklopenmauern'. Die Riesen selbst waren jedoch unzivilisiert und bauten sich keine Städte, um beieinander zu wohnen. Vielmehr lebten sie einzeln und für sich bei ihren Herden und in ungastlichen Höhlen. Zwar kannten sie das Feuer, aber sie verstanden nicht recht, damit zu kochen. So schlangen sie das Fleich roh in sich hinein, und oft genug war es Menschenfleisch, das sie fraßen.

Als Odysseus und seine Männer in dieses damals noch fremde Land kamen, gelangten sie bei einem Erkundungszug in die Höhle des Kyklopenhäuptlings Polyphem. Der Bewohner war gerade fern bei seinen Herden. Die Gefährten flehten Odysseus an, man solle nur rasch einiges von den riesigen Käselaiben sowie ein paar Ziegen mitnehmen und dann schnell das Weite suchen. Ihnen war hier nicht geheuer. Der Held aber wollte den fremden Gastgeber kennenlernen und befahl allen zu bleiben.

Als Polyphem heimkehrte, zeigte sich, von welchem Schlag die barbarischen Kyklopen waren. Statt die Gäste willkommen zu heißen und zu bewirten, griff er sich brüllend einige von ihnen und verschlang sie vor den Augen der anderen. Aber als echter Barbar verstand der Wüterich auch nicht den kultivierten Weingenuß. Odysseus bot ihm aus einem Schlauch von dem starken Rauschtrank an, den er als Gastgeschenk mitgebracht hatte.

Als Polyphem den Wein gekostet hatte, wurde er sofort sehr heiter und fragte Odysseus, wie er heiße. Der Held antwortete etwas undeutlich: «Mein Name ist Niemand». ,Niemand' heißt nämlich im Griechischen ,oudeis', was man leicht mit ,Odysseus' verwechseln kann. Der Riese versprach höhnisch, den Helden erst als letzten aufzufressen. Nach einem weiteren Riesenschluck Wein verfiel er in tiefen Schlaf. Odysseus hatte sich schon einen Plan zurechtgelegt. Er härtete im Feuer die Spitze eines Pfahls. Damit stachen die Gefährten gemeinsam das einzige Auge des berauschten Kyklopen aus, der vor Schmerz entsetzlich brüllte.

Am nächsten Morgen wollte Polyphem seine Herde auf die Weide lassen und wälzte daher den Steinblock vor dem Eingang der Höhle beiseite. Er tastete jedoch behutsam alle Schafe ab, welche die Grotte verließen. «Will da nicht etwa einer von den bösartigen, aber leckeren Menschen zusammen mit dem Vieh aus der Höhle entkommen?» murmelte er. Auch das hatte Odysseus vorhergesehen. Er und seine Gefährten klammerten sich von unten an die wolligsten und kräftigsten Widder, so daß Polyphem sie nicht spüren konnte.

Als der Riese den Trug bemerkt hatte, war es schon zu spät. Auch die eilig herbeigerufenen Kyklopen der Umgebung wollten ihm nicht zu Hilfe kommen, zumal er ihnen zurief: «,Niemand' hat mir schweres Leid zugefügt!»

Unbehelligt erreichten die Gefährten das Ufer und sprangen auf ihr Schiff. Sie legten sich sofort in die Riemen, um das Weite zu suchen, denn der Kyklop hatte sie gehört und warf große Felsbrocken nach ihnen. Odysseus konnte der Versuchung nicht widerstehen. Er verhöhnte den Riesen und nannte ihm seinen wahren Namen. Dieser erkannte, daß nun ein altes Orakel in Erfüllung gegangen war. Ein gewisser Odysseus, so war ihm prophezeit worden, sollte ihn einmal blenden.

Seit diesem Abenteuer wurde Polyphems Vater Poseidon der geschworene Feind der Männer aus Ithaka. Der Meeresgott versuchte von nun an, ihre Rückkehr mit allen Mitteln zu vereiteln.

DIE INSEL DES AIOLOS

Die nächste Station der Irrfahrt war das Seereich des Windgottes Aiolos, das wir noch heute als ,Äolische Inseln' bezeichnen. Er nahm die Mannschaft gastfreundlich auf und schenkte Odysseus einen großen Weinschlauch, in dem sich je-

Zwei Gefährten des Odysseus werden von der mächtigen Zauberin Kirke in ihrer Höhle in Schweine verwandelt. Lekythos (Salbgefäß als Grabbeigabe) mit rotfiguriger Bemalung eines attischen Künstlers, um 470 v. Chr. Athen, Archäologisches Nationalmuseum: Inv.-Nr. 9685.

doch nichts zum Trinken befand. Statt dessen waren darin vielerlei Winde, darunter auch eine günstige Brise, die sie direkt nach Hause bringen sollte.

Bei Nacht konnten einige der Seeleute nicht an sich halten und öffneten diesen Sack, denn sie glaubten ihn mit Gold gefüllt. Aber da stoben alle widrigen Stürme aus dem Schlauch heraus und verursachten einen gewaltigen Orkan, der die Schiffe in entgegengesetzter Richtung über das Meer davontrug.

So kamen sie wieder an die Gestade des Aiolos. Odysseus flehte den Gott erneut um einen günstigen Windhauch an. Aber Aiolos blieb nun hart. «Das Schicksal scheint diesen Männern ungünstig zu sein, wenn sie schon wieder hier sind», dachte der Windgott. Er wagte nicht, sich dem göttlichen Willen entgegenzustellen, und schickte sie fort.

DIE ZAUBERIN KIRKE

Odysseus und seine Gefährten wußten nun kaum mehr, wohin sie sich wenden sollten, da ihnen die Götter offenbar feindlich gesonnen waren. Zunächst erreichten sie das Land der Lästrygonen, eines wilden Stammes von Menschenfressern. Ihre Heimat war die italische Küste, zwischen Formia und Gaeta. Auch dort verlor Odysseus viele seiner Männer im Kampf mit den Barbaren und zog nur noch mit einem einzigen Schiff weiter.

In Begleitung von zwei in Schweine verwandelten Gefährten bedroht Odysseus die Hexe mit dem Schwert, um ihr das Geheimnis des Gegenmittels zu entreißen. Relief auf etruskischem Steinsarkophag (4. Jh. v. Chr.).
Orvieto, Museum "Claudio Faina".

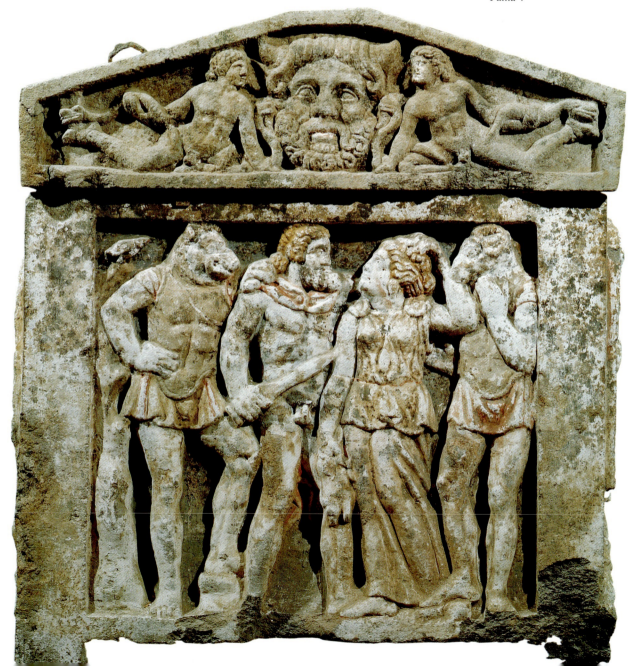

Die Sirenen - mythische Mischwesen aus Frau und Vogel, deren betörender Gesang für das menschliche Ohr unwiderstehlich klang (Odysseus ließ sich deshalb an den Mastbaum seines Schiffes binden, um der lieblichen Melodie nicht zu erliegen) - galten, ähnlich wie die Sphingen, als Mitschwestern jener Grenzwelt zwischen dem irdischem Leben und dem Jenseits - Wächter und Begleiter der Seelen der Verstorbenen, deren Bild auch als Grabmonument verwendet werden konnte. Marmorstatue des 4. Jh. v. Chr., musizierende Sirene, die einst das Grabdenkmal des Dexileos im Kerameikos-Friedhof in Athen schmückte. Athen, Archäologisches Nationalmuseum: Inv.-Nr. 774.

Als nächstes kamen sie nach Aia, wo die schöne Zauberin Kirke regierte. Heute ist diese Insel ein Vorgebirge, das in Erinnerung die Herrscherin von späteren Geschlechtern ‚Monte Circeo' genannt wurde. Odysseus schickte nur einen kleinen Trupp von Männern zum Kundschaften aus und blieb mit den übrigen an Bord.

Die Späher stießen bei ihrem Marsch auf den prächtigen Palast der Herrscherin und wurden von ihr als Gäste zu einem üppigen Mal geladen. Aber kaum hatten sie die leckeren Speisen gekostet, berührte Kirke sie schon mit ihrem Zauberstab und verwandelte sie alle in Tiere. Je nach ihrem wahren Charakter wurden sie zu Hunden oder Löwen, die meisten aber zu Schweinen.

Nur einer der Männer, der Seher Eurylochos, hatte sich vom Schmaus ferngehalten und rannte eilig zum Schiff zurück, um seinem Anführer den schrecklichen Vorfall zu berichten. Odysseus beschloß, sofort zur Zauberin zu gehen und die Gefährten zu befreien, koste es, was es wolle. Als er noch durch den Wald ging, der zwischen dem Strand und dem Palast lag, traf er auf Hermes. Der Götterbote erklärte ihm hilfreich, wie man dem Hexenwerk beikommt: «Wenn du dem Gericht der Kirke heimlich das Zauberkraut Moly beimischst, bist du gegen jedes Gift gefeit. Gleich in der Nähe ist eine Stelle, wo diese treffliche Pflanze wächst.»

Auch zu Odysseus tat die Zauberin zunächst freundlich und bot ihm ein feines Mahl an. Aber geistesgegenwärtig mischte sich der Held schnell etwas von dem Moly in seinen Wein. Wie überrascht war Kirke, denn ihr Zauberstab verwandelte den Fremden nicht – er war völlig immun gegen jede Hexerei! Der Held zog sein Schwert und bedrohte sie: «Schwöre auf der Stelle bei den heiligen Wassern des Styx, daß du die Gefährten in die ursprüngliche Gestalt zurückverwandelst und uns kein Haar mehr krümmst. Sonst werde ich dich töten.» Er wußte von Hermes, daß Kirke dem Bann eines heiligen Schwurs unbedingt treu bleiben mußte, und so geschah es auch. Odysseus blieb noch einen ganzen Monat auf der Insel – manche meinen auch, ein Jahr lang – und erfreute sich an den Künsten der schönen Hexe. Es wird sogar erzählt, daß er auf Aia einige Kinder hinterlassen habe. In dieser Zeit suchte Odysseus ein Unterweltsorakel auf, um von der Seele des verstorbenen Sehers Teiresias Rat einzuholen. Kirke hatte ihm dazu geraten. Die Weissagung lautete, daß er am Ende allein auf einem fremden Schiff wieder in die Heimat zurückkehren werde. Dort müsse er sich gegen andere Thronanwärter zur Wehr setzen. Es hielt den Helden nun nicht mehr auf der Insel Aia bei der reizvollen Kirke und er rüstete zum Aufbruch. Die Zauberin war nunmehr die gute Fee für die Leute aus Ithaka geworden und gab ihnen noch mancherlei wichtige Ratschläge für die gefährliche Reise mit auf den Weg.

DER GESANG DER SIRENEN

Auf dem Weg nach Süden kamen die Männer aus Ithaka zunächst am Golf von Neapel vorbei, wo auf einer einsamen Insel die schrecklichen Sirenen wohnten. Diese Ungeheuer hatten

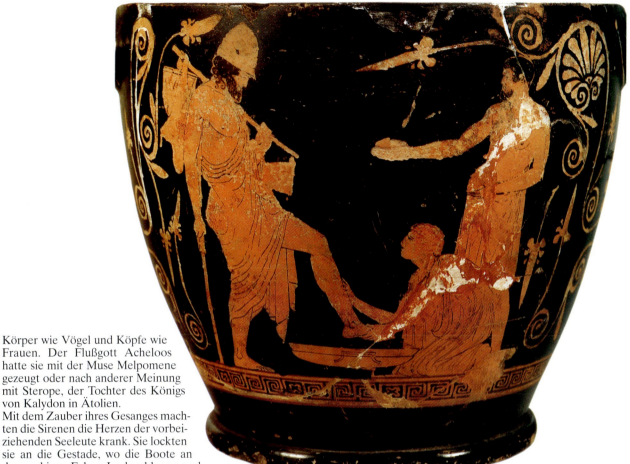

Körper wie Vögel und Köpfe wie Frauen. Der Flußgott Acheloos hatte sie mit der Muse Melpomene gezeugt oder nach anderer Meinung mit Sterope, der Tochter des Königs von Kalydon in Ätolien.

Mit dem Zauber ihres Gesanges machten die Sirenen die Herzen der vorbeiziehenden Seeleute krank. Sie lockten sie an die Gestade, wo die Boote an den zackigen Felsen Leck schlugen und untergingen. Vielen Schiffern war es schon so ergangen und die furchtbaren Sirenen hatte ihre Leiber gefressen.

Odysseus war aber durch Kirke vor dieser Gefahr gewarnt. Es reizte ihn, den wunderschönen Gesang der Sirenen zu hören, aber er wollte dafür nicht mit dem Leben büßen müssen. Daher befahl er seinen Gefährten: «Verstopft euch die Ohren mit Wachs und bindet mich an den Mastbaum. Dann rudert, was ihr könnt. Bis die Gefahr vorüber ist, laßt mich nicht frei, was immer auch geschieht, und wie sehr ich euch auch bitte und anflehe.»

Als Odysseus den ersten herrlichen Ton aus den Kehlen der Vogelfrauen vernahm, verspürte er ein unstillbares Verlangen, zu ihnen zu eilen. Aber seine Gefährten hörten seine Befehle nicht und sahen über sein wildes Aufbäumen hinweg. Sie ruderten einfach weiter, bis alle außer Gefahr waren. Die Sirenen aber waren darüber völlig verzweifelt, daß jemand ihrem lockenden Gesang nicht erlag. Sie stürzten sich ins Meer und ertranken jämmerlich. So war die Gefahr für alle Zeiten gebannt.

SKYLLA UND CHARYBDIS

Auf ihrer Reise gen Süden erwartete Odysseus und seine Gefährten bald ein neues Abenteuer. An der Meerenge von Messina lauerten nämlich auf beiden Seiten des Ufers Skylla und Charybdis. Beide waren verzauberte Mädchen.

Auf der Festlandsseite, am Ufer Kalabriens, hauste Skylla. Sie war einst eine große Schönheit gewesen und hatte es gewagt, der Zauberin Kirke ihren Geliebten Glaukos abspenstig zu machen. Aus Rache mischte die Hexe daraufhin Zauberkräuter in die Quelle, in der Skylla sich zu waschen pflegte. Kaum war das Mädchen dem Bad entstiegen, schon wuchsen aus ihrem Unterleib sechs Körper schrecklicher Hunde mit fletschenden Zähnen hervor. Skylla erschrak bis ins Herz, als sie sich so verunstaltet sah. Aus Scham verkroch sie sich in einer Felsspalte am Ufer. Niemand sollte je wieder sehen, wie häßlich ihr Leib geworden war. Aber die Hunde warfen sich fortan auf jeden Seemann, der ihnen zu nahe kam, und fraßen ihn.

Die grausige Charybdis bewohnte eine Höhle an der sizilischen Küste gegenüber. Die Tochter des Poseidon und der Erdgöttin Ge war in ihrem früheren Leben unermeßlich gefräßig gewesen. Als Herakles mit den Rindern des Geryoneus in diese Gefilde kam, hatte Charybdis ihm

Als Odysseus nach jahrelangen Irrfahrten endlich in Ithaka landet, wird er von seiner nunmehr gealterten Amme erkannt, die sich an die Wunde erinnert, die der Held sich eines Tages bei der Wildschweinjagd zugezogen hatte. Szene auf einem rotfigurigen attischen Skyphos aus Chiusi, ein Werk des sogenannten Penelope-Malers, um 440 v. Chr. (Szene der Gegenseite der Vase vgl. S. 114).
Chiusi, Museo Archeologico Nazionale: Inv.-Nr. 1831.

einige Tiere geraubt und sie sogleich verschlungen. Dies erregte so sehr den Zorn des Göttervaters Zeus, daß er einen Blitz gegen sie schleuderte. Sie stürzte ins Meer, wo sie sich in ein wildes Ungeheuer verwandelte. Dreimal am Tage schlürfte sie nun gewaltige Wassermassen in sich hinein und fraß alles, was darin schwamm, Fische, Meerestiere, ja – sogar ganze Schiffe. Das Wasser spie sie dann wieder aus, so daß erneut ein gewaltiger Strudel in der Straße von Messina entstand.

Auf all das war Odysseus durch Kirkes Erzählung vorbereitet. Er wußte auch, wie er die Gefahren vermeiden oder den Schaden zumindest gering halten konnte. «Selbst ein Gott könnte vor dem gewaltigen Strudel der Charybdis nicht entfliehen, wenn er einmal in seinen Sog gerät. Daher halte dich unbedingt auf die Seite des italischen Festlandes, doch hüte dich dort vor den reißenden Hunden der Skylla, die dir gewiß manchen lieben Gefährten von der Seite reißen werden. Aber nur so gelangt ihr einigermaßen sicher an die Küste Trinakriens.» Mit diesen Worten hatte ihm Kirke den Weg zur Ostküste Siziliens beschrieben. Odysseus gab der Freundin schweren Herzens recht. Er wußte nun, daß er einige seiner Leute dem sicheren Tode preisgab. Der Strudel der Charybdis hätte jedoch sonst ihnen allen ein grausiges Ende bereitet. Skylla griff zwar das Schiff an und die Hunde rissen sechs Männer von Bord. Aber während die schrecklichen Köter die jammernden und schreienden Gefährten packten und verschlangen, legten sich die anderen in ihrer Angst um so kräftiger in die Riemen. Da ein günstiger Wind blies, kamen die meisten von Odysseus' Gefährten mit einem Schrecken davon.

DIE RINDER DES SONNENGOTTES

So gelangten die Leute aus Ithaka schließlich nach Sizilien. Sie ankerten bei jenem Landstrich, wo die schneeweißen Rinder des Sonnengottes Helios weideten. Gern wären sie bald weiter gefahren, da ihre Vorräte langsam zur Neige gingen. Aber es regte sich kein Windhauch, der sie wieder in die Heimat bringen konnte. Die Flaute dauerte lange und bald war der letzte Proviant aufgezehrt.

Odysseus hatte den Gefährten strengstens verboten, sich den heiligen Rindern auch nur zu nähern, aber allmählich wurde die Verlockung gar zu groß. So töteten die Männer heimlich einige Tiere, um nicht vor Hunger zu sterben. Nur Odysseus blieb der Schlachtung fern und nahm am Festmahl nicht Teil. Der Gott war aufs äußerste erzürnt und eilte sofort zu Zeus, um Strafe für die Frevler zu fordern.

Bald frischte der Wind auf und Odysseus gab Befehl, die Anker zu lichten. Aber was zunächst wie eine günstige Brise aussah, wurde schnell zu einem richtigen Orkan. Ein von Zeus gesandter Blitz schlug mitten an Bord ein und das Schiff zerbrach. In den tosenden Wogen ertranken fast alle Seeleute sofort, nur manche klammerten sich noch an treibende Wrackteile. Aber auch sie wurden bald von den Wellen verschluckt.

Allein Odysseus konnte sich retten, indem er sich an einem Stück des großen Mastbaumes festhielt. Er trieb schnell mit der starken Strömung dahin und geriet schließlich wieder in die Nähe der Charybdis, so daß er das grausige Gurgeln ihres Strudels hörte. Aber wie durch ein Wunder kam er nicht mehr in ihren Sog, sondern wurde fortgespült. Nach langem Treiben warf ihn schließlich die Brandung an die Insel der Nymphe Kalypso.

DIE LIEBE DER KALYPSO

Kalypso war eine Tochter des Sonnengottes oder, nach anderer Erzählung, des Titanen Atlas. Sie wohnte auf der Insel Ogygia, die viele für das heutige Ceuta halten, ein Eiland vor der Küste von Marokko. Dort verbrachte sie als Königin der Nymphen ein heiteres und ruhiges Dasein. Mit Weben und Spinnen flossen ihr die Tage unter den fröhlichen Gesängen der Gefährtinnen dahin.

Hier fand der schiffbrüchige Odysseus sogleich gastliche Aufnahme. Kalypso fand Gefallen an dem Helden und machte ihn zu ihrem Geliebten. Er verbrachte zwei sorgenfreie Jahre auf Ogygia, aber im Grunde seines Herzens war die Sehnsucht geblieben, nach Ithaka heimzukehren.

Odysseus mußte erkennen, daß ihn die Nymphe nie wieder gehen lassen würde. Daher wanderte er eines Tages einsam zum Strand und flehte seine Schutzgöttin Athena an, ihm die Rückkehr zu ermöglichen. Die Tochter des Zeus eilte sogleich zu ihrem Vater und trug den Wunsch vor. Wenig später brachte Hermes vom Olymp die Botschaft zu Kalypso, sie solle den Helden aus ihren Umarmungen freilassen, um ihn seinen vom Schicksal vorbestimmten Weg ziehen zu lassen.

Schweren Herzens rüstete die Nymphe Odysseus mit dem Notwendigen aus, damit er sich ein Floß bauen konnte. Sie gab ihm auch köstliche Speisen als Proviant mit und spendete vor allem wertvolle Ratschläge für die Fahrt.

NAUSIKAA UND DIE INSEL DER PHÄAKEN

Bald war der Held wieder auf hoher See und steuerte frohen Mutes ostwärts der Heimat entgegen. Aber noch einmal geriet er in einen schweren Sturm und büßte fast sein Leben ein. Er klammerte sich an ein Wrackteil und erreichte völlig erschöpft nach Stunden festes Land. Er war zur Insel der Phäaken gelangt, die bei Homer Scheria genannt wird, heute aber Korfu heißt. Odysseus war nun völlig nackt und mittellos in einem fremden Land. Als erstes legte er sich in ein Gebüsch bei der Mündung eines Flusses und fiel in tiefen Schlaf. Bald wurde er jedoch von lautem Rufen und Singen geweckt, denn die Phäakenmädchen waren unter Führung der Königstochter Nausikaa an den Strand geeilt, um Wäsche zu waschen.

Die kluge Athena hatte diesen Augenblick freilich vorhergeplant. Sie wollte, daß Nausikaa den fremden Helden in den Herrscherpalast brachte und bei ihrem Vater, dem König Alkinoos, ein gutes Wort für ihn einlegte. Daher hatte die Göttin einen Traum geschickt, in dem die Prinzessin von ihren Gefährtinnen als saumselig beschimpft wurde und man sie aufforderte, schon bei Tagesanbruch mit der Wäsche des ganzen Königshauses an den Strand zu gehen.

Als Odysseus die Mädchen hörte, stand er auf und ging zu ihnen, wobei er seine Blöße mehr recht als schlecht mit einem Zweig bedeckte. Die scheuen Phäakentöchter erschraken natürlich und liefen schreiend auseinander, als sie den nackten Mann sahen. Allein Nausikaa blieb und machte ihren Gefährtinnen sogar Vorwürfe: «Erweist gefälligst dem, den die Götter uns schickten, die Ehre des Gastrechts.»

Odysseus' Gestalt war von Anmut übergossen, als er seine klugen und verständigen Worte an die Königstochter richtete. Ehrerbietig sagte er, er habe sie zunächst für eine Göttin oder Nymphe gehalten, so schön sei sie. Nausikaa konnte kaum anders, als ihn jeder Hilfe zu versichern und führte ihn zur Stadt, als des Abends das Werk der Wäscherinnen getan war. Dort erklärte sie ihm den Weg zum Palast ihres Vaters.

Am Hofe des Königs Alkinoos wurde Odysseus in allen Ehren aufgenommen und man hielt ein Festmahl zu seiner Begrüßung. Dort erzählte er alles, was ihm auf seinen weiten Reisen zugestoßen war, und wurde für seine Abenteuer gebührend bewundert. Der Herrscher bot ihm sogar die Hand seiner holden Tochter an, die Gefallen an dem edlen Fremden gefunden hatte. Aber der Held mußte schweren Herzens ausschlagen, denn ihn trieb die Sehnsucht in sein Heimatland und zu seiner Familie.

Die Phäaken gewährten ihm dennoch alle Hilfe, die ihnen zu Gebote stand. Sie rüsteten ein Schiff, das Odysseus schnell in seine

Penelope webt traurig an dem Leichentuch für ihren Schwiegervater Laertes, indem sie in Wirklichkeit aber nachts das wiederauftrennt, was sie am Tag gewebt hat; mit dieser List, die erst viel später von den Freiern, die auf eine Entscheidung drängen, aufgedeckt wird, versucht die Königin von Ithaka, Zeit zu gewinnen; denn die Hochzeit mit einem der Freier würde bedeuten, daß sie ihren Ehegatten Odysseus endgültig für tot erklärt. Neben ihr der Sohn Telemachos. Szene auf einem rotfigurigen attischen Skyphos aus Chiusi, den der sogenannte Penelope-Maler um 440 v. Chr. schuf (Szene der Gegenseite der Vase vgl. S. 113).
Chiusi, Museo Archeologico Nazionale: Inv.-Nr. 1831.

Heimat brachte. Die Freundlichen bekamen freilich die Wut des Poseidon zu spüren. Dieser hatte die Blendung des Polyphem nicht vergessen und zürnte jedem, der Odysseus half. Das Phäakenschiff wurden von einem Unwetter zerschmettert und rings um ihre Insel ließ der Gott unter gewaltigen Erdbeben ein Gebirge aufwachsen, so daß das Seefahrervolk fortan von allen seinen Häfen abgeschnitten war.

Die Heimkehr nach Ithaka

Es war nunmehr zwanzig Jahre her, daß Odysseus seine Heimat verlassen hatte. Die Gefahren und Mühen hatten ihn verwandelt, so daß auf Ithaka keiner mehr auf Anhieb gewußt hätte, daß dieser Mann der rechtmäßige König der Insel war.

Er wollte sich auch gar nicht gleich zu erkennen geben. So ging er zunächst in die Hütte seines Schweinehirten Eumaios, der ihm immer der Treueste gewesen war. Nur ihm enthüllte Odysseus, wer er wirklich war. Der Hirte brachte ihn heimlich zum Königssohn Telemachos. Fern von allen neugierigen Augen fand das Treffen zwischen dem Vater und seinem Sohn statt, den er einst in Windeln zurückgelassen hatte.

Gemeinsam kamen beide zum Palast von Ithaka, wo sich Odysseus als reisender Händler ausgab. Niemand nahm zunächst Notiz von ihm. Sein Hofhund Argos war auch älter geworden und fraß nur noch sein Gnadenbrot, aber dieses treue Tier erkannte ihn sofort. Alt und schwach wie der Hund nunmehr war, sprang er auf und wollte seinen lang vermißten Herren begrüßen. Aber die Last seiner Jahre erlaubte ihm keine Freudenhüpfer mehr. Erschöpft brach er zusammen und verschied vor Odysseus' Füßen.

Auch die alte Amme Eurykleia erkannte den Herren des Hauses. Wie es Sitte war in Griechenland, wusch sie dem Gast die Füße. Dabei sah sie eine Narbe am Bein, die er sich in jungen Jahren bei einer Wildschweinjagd zu Delphi zugezogen hatte. Odysseus ließ sie einen heiligen Schwur tun, niemandem etwas zu verraten.

Unterdessen hatte Telemachos alle Waffen im Palast in einer Kammer verschlossen. Odysseus trat nun in den Königssaal, wo die Freier seiner Gattin ein fröhliches Festmahl hielten. In seinem eigenen Hause mußte er wie ein Armer um etwas zu Essen bitten und wurde von den ungebe-

ten Gästen verhöhnt, die sich wie die Herren aufführten. Der Bettler Iros genoß damals die zweifelhafte Gunst der Freier. Er trat Odysseus entgegen und forderte ihn zum Zweikampf, denn er wollte den Mitbewerber möglichst schnell los sein.
Aber der Kampf währte kurz, denn Odysseus bezwang seinen Gegener schnell. Dies reizte die Freier um so mehr. In diesem Augenblick stieg die Königin Penelope selbst aus ihren Frauengemächern in den Festsaal herab, um den Fremden nach Nachrichten von ihrem Gatten zu fragen. Aber auch ihr gab sich Odysseus nicht zu erkennen, denn er wollte den Einbruch des Abends für seine Rache abwarten.

Penelope und ihre Freier

Bei seiner Abreise hatte Odysseus sein Haus und seine Frau dem bewährten Freund Mentor anvertraut. Dessen Treue zu Odysseus war so berühmt, daß die Göttin Athena Mentors Gestalt annahm, wenn sie Telemach bei der Suche nach seinem Vater oder Odysseus im Kampf gegen die Freier zur Seite stand.
In all diesen Jahren hatte Penelope die Herrschaft über Haus und Hof in Händen. Odysseus' Mutter Antikleia war bald nach seiner Abreise vor Gram gestorben, denn sie konnte es nicht ertragen, ihren Sohn in den Gefahren des Krieges zu wissen. Sein Vater Laertes hatte sich kurz danach auf die Landgüter zurückgezogen. So wurde Penelope bald von vielen Edlen bedrängt. Sie kamen aus Dulichios, aus Same, aus Zantos und sogar aus Odysseus' Reich selbst, um sie zu umwerben. Sie alle hofften, mit der Hand der Königin auch die Herrschaft zu erlangen.
Da Penelope es verschmähte, sich für einen der Freier zu entscheiden, richteten sie sich im Palast des Odysseus häuslich ein. Jeden Tag zehrten sie in fröhlichem Schmaus und Trank von den Reichtümern des Hauses und wollten die Hausherrin so zur Erklärung zwingen. Sie ließen sich von ihr nicht vertreiben, denn gegen alle gemeinsam konnte selbst die Königin nichts ausrichten. Auch durfte sie das heilige Gastrecht ja nicht verletzen. So verhallten alle ihre Bitten und Klagen, daß man sie in Ruhe lassen sollte, ungehört. Auch Mentor konnte ihr nicht mehr helfen. Als Penelopes Lage immer unhaltbarer wurde und sie sich der Freier kaum mehr erwehren konnte, erfand sie eine List. Sie sagte: «Der Anstand gebietet, daß ich meinem alten Schwie-

Als einzigem im Saal gelingt es Odysseus, den berühmten Bogen zu spannen, mit dem er seinen tragischen Racheakt beginnt: die Ermordung der Freier der Penelope, die um die Hand der Königin anhalten und somit den Thron von Itahaka beanspruchen. Zeichnung nach einem rotfigurigen attischen Skyphos aus Tarquinia, ein Werk des sogenannten Penelope-Malers etwa aus dem Jahr 440 v. Chr. Berlin, Staatliche Museen: Inv.-Nr. F 2588.

gervater Laertes ein prächtiges Leichentuch webe, bevor ich in eine andere Familie einheirate. Wenn es fertig ist, werde ich mich für einen von euch entscheiden.» Drei Jahre lang arbeitete sie an diesem Stoff, denn sie löste bei Nacht wieder auf, was sie bei Tage fertiggestellt hatte. So wollte sie Zeit gewinnen, denn sie glaubte fest, daß Odysseus irgendwann zurückkehren werde. Ihm wollte sie treu bleiben.

Aber eine Dienerin verriet die List an die Feier, so daß Penelopes letzte Ausweichmöglichkeit gefallen war. Nun war sie vor die Entscheidung gestellt. Man hatte sie gezwungen, einem Wettstreit zuzustimmen: Wem von den Freiern an diesem Abend der beste Pfeilschuß mit dem berühmten Bogen des Odysseus gelänge, der sollte die Königin zur Frau haben. Dafür hatte man eine lange Reihe durchbohrter Äxte in einen Stamm gehauen, durch den die Rivalen schießen sollten. Keiner von ihnen war aber überhaupt in der Lage, den Bogen zu spannen.

Als auf einmal der arme Bettler aus der Zimmerecke aufstand und es auch einmal wagen wollte, lachten die Freier nur und verhöhnten ihn. Aber er setzte den Bogen nur an, spannte ihn und durchschoß in einem Zug die ganze Reihe der Axtlöcher.

DIE WIEDERGEWINNUNG DER HERRSCHAFT

In diesem Augenblick verschlossen die Diener auf einen Wink des Telemachos alle Türen des Festsaales. Die Freier konnten nicht mehr an ihre Waffen, die Telemachos ja in Sicherheit gebracht hatte. Sie erkannten auf einmal zu ihrer Verzweifelung, daß der Hausherr selbst vor ihnen stand. Wie Schlachtvieh brachten Odysseus und sein Sohn sie nun mit gnadenlosen Pfeilschüssen einen nach dem anderen um. Dann wurden die Leichen fortgebracht und der Saal von den Spuren des Massakers gereinigt. Danach ging es den Mägden ans Leben, die oft genug mit den Freiern gemeinsame Sache gemacht und so die Ehre des Hauses befleckt hatten. Sie wurden kurzerhand im Hof aufgeknüpft. Erst jetzt war die Gefahr gebannt und Odysseus konnte seine Herrschaft im Hause wirklich wieder in die Hand nehmen. Nun durfte er sich

Delphi, Heiligtum des Apollon Pythios, ein konstanter Bezugspunkt in der Mythologie. Der großartige Apollontempel mit dorischer Ordnung steht auf einem mächtigen terrassierten

auch seiner lieben Gattin zu erkennen geben. Er erinnerte sie an Geheimnisse, die nur sie beide kannten. So sprach er zu ihr von ihrem Ehebett, das er einst selbst aus einem Ölbaum geschnitzt hatte. Nun schlossen sich die beiden Eheleute wieder als Liebende in die Arme. Am folgenden Tage ging Odysseus hinaus aufs Land zu seinem alten Vater Laertes. Aber in der Zwischenzeit hatten sich die Angehörigen der ermordeten Freier zusammengefunden und bedrohten Ithaka mit Krieg, um für ihre Söhne und Brüder Rache zu nehmen. Aber wiederum griff Athena ein. Erneut erschien sie in Gestalt des alten Mentor und beruhigte die Gemüter.
Nun konnte der Friede endgültig wieder in Ithaka einziehen.

VI.
ÄNEAS. DAS TROJANISCHE GESCHLECHT UND DIE GRÜNDUNG ROMS

Äneas, seinen alten und schwachen Vater Anchises auf den Schultern und an der Hand den kleinen Askanios, flieht in der Nacht, in der es den Griechen dank der List des Odysseus gelungen ist, mit dem hölzernen Pferd in die uneinnehmbare Stadt einzudringen, aus dem brennenden Troja. Aus dieser Flucht und aus der Asche der ruhmreichen Stadt des Priamos sollte später ein neues Geschlecht hervorgehen: das der Stadt Rom, auf das die Römer zu allen Zeiten stolz gewesen sind. Schwarzfigurige attische Vase, um 510 v. Chr. Würzburg, Martin von Wagner-Museum der Universität: Inv.-Nr. 218.

Der trojanische Held Äneas stammte über seinen Vater Anchises aus der Familie des Dardanos und konnte sein Geschlecht daher auf die Abkunft von Zeus zurückführen. Seine Mutter war die Göttin Aphrodite selbst, die sich einst in den jungen Anchises verliebt hatte, als er seine Herden in den Bergen um Troja hütete.

DER LIEBLING DER GÖTTER

Bei der Verteidigung der Festung Ilion war Äneas nach Hektor der stärkste und mutigste der trojanischen Helden. Er wagte vor den Mauern manchen Zweikampf mit den stärksten der Achäer und kämpfte sogar gegen Achilleus. Auch Diomedes stellte er sich entgegen und war schon gefährlich verletzt, als Aphrodite ihm zur Hilfe kam. Die Göttin selbst wurde im Schlachtengewühl verwundet und der Kampf tobte weiter, bis Apollon herbeieilte und Äneas in eine Wolke hüllte.

Allein stellte der Held sich Achilleus entgegen, als dieser den Tod seines Freundes Patroklos blutig rächen wollte. Äneas spürte in diesem Moment, daß ihm Apollon nahe war und seine Hand führte. Aber sein Schild war schon von einem Speer durchbohrt. Schließlich wollte er Achilleus mit einem großen Felsbrocken zu Leibe rücken, als ihn wiederum eine Wolke umhüllte, und er in das sichere Troja entführt wurde. Der Gott Poseidon hatte eingegriffen, denn dem tüchtigen Äneas war ein anderes Schicksal vorherbestimmt, als unter den Mauern von Troja von Achilleus' Hand zu sterben. All diese Episoden aus dem trojanischen Krieg deuten schon darauf hin, daß Äneas ein besonderer Liebling der Götter war. Aber umgekehrt war er auch ein besonders frommer Mann, der die religiösen Gebote ehrte und achtete. So erwartete ihn ein großes Schicksal, denn die Hoffnungen des ganzen Geschlechts der Trojaner ruhten auf seinen Schultern.

Als Anchises einst Äneas' Mutter Aphrodite kennengelernt hatte, hielt er sie zunächst für ein sterbliches Mädchen. Erst als sie schon von ihm schwanger war, eröffnete sie ihm ihr göttliches Wesen und gab ihm eine Prophezeiung mit auf den Weg: «Aus unser beider Vereinigung wird ein Sohn hervorgehen, dessen Nachkommen den trojanischen Stamm bis in alle Ewigkeit lebendig halten.»

Wie diese Weissagung wahr wurde, hat der lateinische Dichter Vergil in seinem Epos ‚Äneis' aufgezeichnet und damit für alle Zeiten festgehalten, wie aus dem trojanischen Heldenhaus das mächtige Rom hervorging.

DIE FLUCHT AUS TROJA

Als Troja in Flammen stand und von den Achäern geplündert wurde, kämpfte Äneas wie ein Löwe gegen die Achäer. Aber ihm wurde bald klar, daß nichts mehr zu retten war. So faßte er den Beschluß, mit den Seinen die Flucht zu ergreifen. Er nahm den alten Vater Anchises auf die Schulter und seine Frau Kreusa und das Söhnchen Askanios bei der Hand und machte sich mitten im Kampfgetümmel auf den Weg. Als einzigen Besitz nahmen sie die heiligsten Götterbilder Trojas mit sich, die Penaten und das ‚Palladion', die Statue der Athena.

Ohne die Hilfe der Aphrodite wären sie freilich nicht weit gekommen, aber die Göttin gewährte ihnen Schutz und geleitete sie sicher aus der brennenden Stadt: «Euch ist es nicht bestimmt, in Troja zu sterben, sondern ihr sollt im fernen Westen eine neue Gemeinde begründen. Aus der Asche des alten Troja wird eine neue Stadt entstehen, die einst über den ganzen Erdkreis herrschen soll!» So bekräftigte die kluge Göttin ihre Weissagung an die Familie des Äneas.

Äneas gelangte nach mühseliger Flucht schließlich auf den Berg Ida, wo er eine Stadt gründete, in der viele Flüchtlinge aus Troja zusammenkamen. Aber die Familie des Anchises blieb dort nicht lange, sondern stach bald mit einer Flotte von zwanzig Schiffen mit Ziel auf Delos in See. Äneas wollte vom Apollon-

Kreta. Malerischer Blick auf den Golf von Agios Nikolaos im nördlichen Küstenverlauf der Insel. Der Sage nach ist Kreta das Ursprungsland der Dynastie des trojanischen Helden Äneas, der sich während seiner langen Irrfahrten auch an den Küsten dieser Insel aufhält, bevor er seine Reise nach Italien fortsetzt, wo ihn mit der Gründung Roms ein neues ruhmreiches Schicksal erwartet.

orakel auf dieser Insel genaueres über seinen göttlichen Auftrag erfahren. Der delische Apollon ermahnte den Helden, seine künftige Bleibe in der Heimat seiner Vorväter zu suchen. So schifften sich Äneas und die Seinen zunächst nach Kreta ein, woher einstmals Teukros, einer der ersten Könige von Troja gekommen war. Aber als der Held des Nachts schlafend an Deck lag, erschienen ihm im Traum die Penaten und geboten ihm, in die ursprüngliche Urheimat der trojanischen Ahnen zu ziehen, nämlich nach Italien.

DIE REISE NACH WESTEN

So brach Äneas nach Hesperien auf, in den Westen der Mittelmeerwelt, wo neue Abenteuer auf ihn warteten. Ein furchtbares Unwetter trieb ihn auf die Strophadischen Inseln, wo er gegen die Harpyien kämpfte. Diese waren ewig hungrige Ungeheuer mit Vogelkörper und Mädchenantlitz, die den Flüchtlingen aus Troja die Speisen besudelten.

Danach wurde er nach Epiros verschlagen, wo er Helenos traf, einen Sohn des Trojanerkönigs Priamos. Helenos hatte Hektors Witwe Andromache geheiratet. Schließlich gelangte Äneas durch das ionische Meer in das griechisch besiedelte Süditalien. Er beschloß, die Straße von Messina zu meiden, wo die schreckliche Skylla und die grausame Charybdis lauerten. Statt dessen segelte er außen um Sizilien herum.

Auf dieser Insel wurde der Held von den Einwohnern gastfreundlich aufgenommen. Mit Staunen stellte er fest, daß viele geflüchtete Trojaner nach dem schrecklichen Krieg hier eine Bleibe gefunden hatten. Ja – trojanische Familien beherrschten ganze Städte, wie etwa Egesta an der Westspitze der Insel. Sein Vater Anchises war über den Strapazen der Reise gebrechlich und hinfällig geworden. Er starb in hohem Alter und wurde in Drepanon beerdigt, dem heutigen Trapani.

DIDO, DIE KÖNIGIN DER KARTHAGER

Aber bald zog Äneas mit den Seinen weiter, um nach Italien zu gelangen. Ein erneutes Unwetter trieb die kleine Flotte an die Küste Afrikas. Hier begegneten sie Dido, der phönikischen Königin, die ein mächtiges Reich um die von ihr gegründete Stadt Karthago aufgebaut hatte. Dido hätte es gern gesehen, wenn sich die Trojaner in ihrem Reich angesiedelt hätten. Vor allem hätte sie von Herzen gern dem schönen Helden aus dem fernen Lande ihre Hand zum Ehebund gereicht, denn sie hatte Gefallen an ihm gefunden. Aber Zeus wollte nicht, daß Äneas seine Tage friedlich in jener Stadt verlebte, die einstmals die mächtige und erbitterte Gegnerin Roms werden sollte. Daher befahl er ihm durch Hermes, sofort wieder Kurs auf Italien zu nehmen. Die Königin Dido blieb mit gebrochenem Herzen zurück und gab sich selbst den Tod durch das Schwert. So stürzte sie auf den Scheiterhaufen, dessen Flammen verzehrten, was Äneas zurückgelassen hatte.

Die Harpyien, ekelhafte und aggressive weibliche Flügeldämonen, verfolgten den thrakischen König Phineus und besudelten dessen Speise jedesmal, wenn er sich zu Tisch setzen wollte, bis sie von Kalais und Zetes, den geflügelten Söhnen des Nordwindes, Borea, vertrieben wurden. Beim Flug über das Meer greifen die Harpyien auch Äneas an, der nach Italien segelt. Zeichnung nach einem schwarzfigurigen Fries (um 530 v. Chr.), Innenbild einer Schale des sogenannten Phineus-Malers, eines Künstlers, der in der griechischen Stadt Rhegion (heute Reggio Calabria) tätig war.

ANKUNFT IN ITALIEN

Endlich konnte Äneas nun seinen Fuß auf das gelobte Land Italien setzen. Er ging in Kyme, dem späteren Cumae, vor Anker und besuchte zuerst das Heiligtum des Apollon, wo er beim Orakel der cumäischen Sibylle Rat einholte. Die Seherin empfahl ihm, am nahe gelegenen Avernersee den Eingang in die Unterwelt zu suchen. Dort sollte die Seelen der Verstorbenen um Beistand bitten, die das Orakel der künftigen Bestimmung von Äneas und seinem Geschlecht bestätigten und ihm manch kluge Mahnung mit auf den Weg gaben.

Wieder unter den Lebenden, rüstete er bald zur Weiterfahrt. Unterwegs starb Kaieta, die Amme des kleinen Askanios. Sie wurde von den Trojanern mit großem Gepränge in einer Stadt beerdigt, die künftig ihren Namen trug und heute Gaeta genannt wird. Die Insel der Kirke mieden die Trojaner geflissentlich, denn der Ruf dieses Eilandes hatte sich nach Odysseus' Abenteuern dort weithin verbreitet. Schließlich segelten sie in die Flußmündung des Tiber ein und landeten in der Gegend der Stadt Laurentum, deren Herrscher Latinus sie herzlich willkommen hieß. Der König wies den Flüchtlingen sogar ein Stück Land zu, wo sie eine neue Stadt bauen konnten, und gab Äneas die Hand seiner Tochter Lavinia.

Kyme (das spätere Cumae), die Höhle der Sibylle. Der Überlieferung nach begibt sich Äneas sofort nach seiner Landung auf italischem Boden zu diesem Orakel, um sich bei der berühmten Sibylle Rat zu holen. Auf ihre Weissagung hin steigt der Held zum Avernersee hinunter und erhält wertvolle Hinweise in bezug auf seine Zukunft.

DER HELD AUF DEN HÜGELN VON ROM

Die Frau des Königs Latinus, Amata, verfolgte diese Vorgänge mit großem Argwohn. Sie hätte es vorgezogen, wenn Turnus, der König des benachbarten Kriegerstammes der Rutuler, ihr Schwiegersohn geworden wäre. Amata stachelte den kampfeswütigen König dazu an, Äneas und die anderen Neuankömmlinge aus dem fremden Land mit Krieg zu überziehen.

Unterdessen hatte Äneas das Lager verlassen und sich auf Wanderschaft den Tiber aufwärts gemacht, bis er an die Stadt Pallantion kam. Der Stadthügel wurde später Palatin genannt. Äneas konnte nicht ahnen, daß an dieser Stelle einstmals das mächtige Rom erstehen sollte. Hier herrschte damals der König Euander, ein Grieche aus Arkadien, der ein Gastfreund des Anchises gewesen war. Die alte Freundschaft wurde rasch erneuert und von den Feindseligkeiten zwischen Trojanern und Achäern war keine Rede mehr. Äneas und Euander schlossen sogar Waffenbrüderschaft und der König vom Palatin schickte dem Trojanerhelden ein Heer unter der Führung seines Sohnes Pallas mit. Als nächstes suchte Äneas weitere Hilfe in der benachbarten Etruskerstadt Agylla, die heute Cerveteri heißt. Auch hier konnte er Truppen um sich scharen und erreichte gerade noch rechtzeitig das Lager der Trojaner, um die wütende Attacke des Turnus und seines Rutulerheeres abzuwehren.

Die "Kapitolinische Wölfin" ist vermutlich eine der berühmtesten Skulpturen der Welt. Die Wölfin mit den beiden säugenden Zwillingen Romulus und Remus symbolisiert wie kein anderes Wahrzeichen die ewige Stadt Rom mit ihrem vielschichtigen "internationalen" Geschehen auf historischer und kultureller Ebene. Der Sage nach aus der Asche Trojas entstanden, bleibt Rom untrennbar mit der griechischen Kultur und Geschichte verwurzelt, deren Mythos wesentlicher Bestandteil ihres Erbes ist.

DIE GRÜNDUNG DER EWIGEN STADT

Das große Epos Vergils endet mit dem Sieg des Äneas über die Rutuler und dem Tod ihres Königs Turnus im Zweikampf gegen den Trojanerfürsten. Nach Darstellungen anderer Schriftsteller gründete Äneas die Stadt Lavinium, die sich in vielen Kämpfen gegen die umliegenden Stämme durchsetzen mußte. Der Held selbst starb an einem Blitzschlag und wurde unter tiefer Trauer und großer Ehrerbietung seines Volkes begraben. Sein Sohn Askanios, den man auch Iulus nannte, legte die Stadt Alba Longa an. Erst viele Generationen später sollte ein Nachkomme aus dem Geschlecht des Äneas, nämlich Romulus, die Stadt Rom erbauen.

Die Legende geht hier allmählich in die Erinnerung an die Uranfänge der römischen Geschichte über. Aus dem kleinen Häufchen der Trojaner erwuchs nach der göttlichen Prophezeihung das römische Volk, dem die Herrschaft über die damals bekannte Welt zufallen sollte. So verkündeten es die Römer stolz.

Die Ereignisse der griechischen Vorzeit sind dadurch mit der Weltherrschaft der römischen Nation verknüpft. Dort erzählte man sich gern die griechischen Mythen und hörte besonders bereitwillig, daß auch die eigene Macht in dieser Sagenwelt begründet ist. Das braucht uns nicht zu verwundern, denn bisher ist es noch keinem Volk gelungen, sich dem Zauber des griechischen Mythos zu entziehen.

VERZEICHNIS DER NAMEN

ABDEROS 58
ABSYRTOS 68
ACHÄER 28, 90, 91, 92, 93, 95, 99, 101, 103
ACHELOOS 62, 113
ACHESOS 41
ACHILLEUS 20, 87-99, 104, 121
ADMETE 58
AGAMEMNON 17, 90, 91, 92, 95, 105, 109
AGAUE 38
ÄGISTHOS 105
AIETES 67, 68
AIGEUS 69, 72, 73, 75
AIGLE 41
AIOLOS 66, 110, 111
AITHRA 69, 72
AJAX SOHN DES OILEUS 105
AJAX SOHN DES TELAMON 99
AKASTOS 69
AKRISIOS 78
AKTAION 32
ALKINOOS 115
ALKMENE 17, 44
ALPHEIOS 57
ALTHAIA 84
AMALTHEA 7, 8, 12
AMATA 123
AMAZONEN 28, 58, 75
AMPHIARAOS 84
AMPHITRYON 17, 44, 45
ANCHISES 27, 121, 122, 123
ANDROMACHE 122
ANDROMEDA 80
ÄNEAS 27, 95, 105, 120-124
ANTAIOS 62
ANTEROS 27
ANTIGONE 85, 86
ANTIKLEIA 118
ANTIOPE 75
APHRODITE 13, 22, 27, 43, 74, 84, 87, 121
APOLLON 13, 16, 25, 26, 29, 30, 31, 32, 39, 40, 41, 43, 51, 58, 59, 91, 92, 94, 95, 96, 98, 101, 103, 121, 122, 123
ARES 12, 20, 27, 28, 58, 59, 62, 67
ARGONAUTEN 67, 68
ARGOS 116
ARIADNE 38, 74, 75
ARISTAIOS 30, 32
ARKADES 33
ARSINOE 40
ARTEMIS (DIANA) 13, 23, 32, 51, 84, 90
ÄSKANIOS (IULUS) 40, 121, 123, 124
ÄSKLEPIOS 31, 41, 80
ASTYANAX 104
ATALANTE 84
ATHAMAS 66
ATHENA 8, 12, 13, 20, 23, 28, 41, 46, 47, 54, 60, 62, 65, 67, 75, 78, 80, 81, 87, 96, 101, 103, 105, 114, 115, 117, 119, 121
ATLAS 8, 61, 62, 114
ATREUS 88, 90
ATROPOS 16

AUGIAS 57

BAKCHANTINNEN → MÄNADEN
BAKCHOS → DIONYSOS
BALIOS 87
BELLEROPHON 80, 81
BELLEROS 81
BRISEIS 91, 92, 93
BUSIRIS 62

CHAOS 6, 9
CHARITEN (GRATIAE) 17
CHARON 32, 42
CHARYBDIS 113, 114, 122
CHIMAIRA 8, 81
CHIRON 32, 40, 67, 87
CHRYSAOR 23, 42
CHRYSEIS 92, 105
CHRYSES 92

DAMASTES → PROKUSTES
DANAE 17, 78
DAPHNE 30, 31, 43
DARDANOS 121
DEIANEIRA 64
DEIDAMEIA 89
DEIMOS 27
DEIPHOBOS 97
DEMETER 7, 13, 23, 24, 25, 36
DEMODOKOS 105
DEUKALION 11, 17
DIANA → ARTEMIS
DIDO 123
DIOMEDES 28, 121
DIOMEDES (KÖNIG IN THRAKIEN) 58
DIONE 13, 27
DIONYSOS (BAKCHOS) 17, 22, 33, 36, 38, 43, 74
DIOSKUREN 17, 84

ECHIDNA 8, 61, 72, 81
EILEITHYIA 12, 44
ELEKTRA 17
ENKELADOS 20
EPIONE 41
EPIMETHEUS 9, 10, 11
ERATO 17
ERDE → GAIA
ERINNYEN 6
ERIS 87
EROS 6, 27, 30
ETEOKLES 85, 86
EUANDER 123
EUMAIOS 116
EUMOLPOS 45
EUROPA 17, 19, 57
EURYALE 80
EURYKLEIA 117
EURYLOCHOS 112
EURYNOME 17
EURYSTHEUS 44, 45, 46, 50, 51, 54, 57, 58, 59, 60 62, 77
EURYTION 59
EURYTOS 64
EUTERPE 17

FREIER 117

GAIA (ERDE) 6, 7, 8, 12, 16, 23, 61, 113
GANYMED 19
GERYONEUS 59, 113
GIGANTEN 6, 8, 12, 16, 20, 65
GLAUKE 69
GLAUKOS 81, 113
GORGONEN 20, 23, 41, 59, 78, 80
GRAIEN 78
GRATIAE → CHARITEN

HADES 7, 8, 13, 23, 25, 42, 60
HARMONIA 27
HARPYIEN 122
HEBE 12, 65
HEKABE 31, 87, 91, 98, 101, 105
HEKTOR 28, 93, 95, 96, 97, 98, 104, 121, 122
HELENA 17, 87, 88, 105, 122
HELENOS 122
HELIOS 57, 59, 69, 114
HELLE 66
HEPHAISTOS 9, 12, 22, 27, 54, 72, 94, 95
HERA 7, 13, 17, 20, 22, 23, 28, 33, 39, 44, 45, 48, 58, 59, 61, 65, 87
HERAKLES 8, 10, 17, 20, 28, 31, 44-65, 72, 113
HERMES 10, 11, 25, 26, 36, 60, 66, 78, 87, 112, 114, 122
HERMIONE 88
HESIONE 59
HESPERIDEN 8, 61, 62, 84
HESTIA 7, 39
HIMMEL → URANOS
HIPPOLYTE 58
HIPPOLYTOS 75, 77
HOREN 16
HYAKINTHOS 31
HYDRA 8, 48
HYGIEIA 41

IAMBE 25
IASO 41
IOBATES 81
IOKASTE 85, 86
IOLAOS 46, 48
IOLE 64
IPHIGENIE 90, 105
IPHIKLES 44, 84
IROS 117
ISMENE 85
IULUS → ÄSKANIOS

JASON 67, 68, 69, 84

KADMOS 66
KALCHAS 89, 90, 92
KALLIOPE 17
KALLISTO 32, 33
KALYPSO 114
KALYDON 64
KASSANDRA 31, 101, 103, 105, 108
KASSIOPEIA 80
KASTOR 17, 84
KEBRIONES 94
KELEOS 25

KENTAUREN 32, 40, 50, 64, 67, 87
KEPHEUS 80
KERBEROS 8, 60
KERKYON 73
KIMON 77
KIRKE 68, 111, 112, 113, 114, 123
KLOTHO 16
KLIO 16
KLYTÄMNESTRA 17, 105, 108
KORE → PERSEPHONE
KORONIS 31, 40
KORYBANTEN 7, 12
KREON 45, 69
KREUSA 121
KRONOS 6, 7, 8, 12, 20, 27, 42, 43
KURETEN 7
KYKLOPEN 6, 8, 23, 41, 109, 110
KYKNOS 28, 62, 91
KYPARISSOS 31
KYRENE 30

LACHESIS 16
LAERTES 118, 119
LAIOS 85, 86
LAOKOON 101, 103
LAOMEDON 58, 59
LATINUS 123
LATONA 13, 20, 29, 30, 32
LAVINIA 123
LEDA 17, 87
LEUKIPPOS 40
LINOS 44
LOTOPHAGEN 109
LYKOMEDES 75, 89
LYKURGOS 38

MACHAON 41
MAIA 25, 26
MÄNADEN (BAKCHANTINNEN) 36
MEDEA 68, 69, 73
MEDUSA 8, 20, 23, 41, 59, 78, 80, 81
MEGARA 45
MELANION 84
MELEAGER 64, 84
MELPOMENE 17, 113
MENELAOS 17, 27, 88, 90, 103, 108
MENESTHEUS 77
MENTOR 117, 118, 119
METIS 8, 12, 16
MINOS 19, 57, 74, 75
MINOTAUROS 16
MNEMOSYNE 16
MOIREN 16, 84
MUSEN 16, 17, 30, 87, 113

NAUSIKAA 115
NEMEA 47
NEMESIS 17
NEOPTOLEMOS 89, 104
NEPHELE 66
NEREIDEN 80
NEREUS 62, 87
NESSOS 64
NIKIPPE 44
NYMPHEN 6, 12, 23, 25, 30, 36, 43, 61, 62, 114, 115

ÖDIPUS 85, 86

125

ODYSSEUS 20, 89, 90, 99, 101, 103, 109-119, 123
OILEUS 105
OINEUS 32, 84
OKEANOS 13
OREST 17, 108
ORION 32
ORTHROS 8, 59

PALLAS (ONKEL DES THESEUS) 69, 72, 73
PALLAS (SOHN DES EUANDER) 123
PAN 43
PANACHEIA 41
PANDORA 10
PARIS 27, 87, 88, 98, 103
PASIPHAE 57
PATROKLOS 93, 94, 95, 97, 121
PEGASOS 23, 80, 81
PEIRITHOOS 60, 84
PELEUS 84, 87, 89
PELIAS 67, 69
PENATEN 121
PENEIOS 30, 57
PENELOPE 117, 118
PENTHEUS 38
PERIBOIA 85
PERIPHETES 72
PERSEPHONE (KORE) 23, 25, 42, 43, 60

PERSEUS 8, 17, 20, 44, 78, 80
PHÄAKEN 6, 115, 116
PHAIA 72
PHAIDRA 75
PHILOKTET 65
PHLEGYAS 40
PHOBOS 27
PHOINIX 17
PHOLOS 50
PHRIXOS 66, 67
PHYLEUS 57
PITTHEUS 69
PLUTODOTES 42
PLUTON 42
PODALEIRIOS 41
PODARKES 59
POLLUX 17, 84
POLYBOS 85
POLYDEKTES 78
POLYHYMNIA 17
POLYNEIKES 85, 86
POLYPHEM 23, 110, 116
POLYXENA 91, 98
POSEIDON 7, 8, 20, 23, 32, 39, 41, 57, 58, 59, 61, 69, 72, 77, 80, 87, 91, 103, 110, 113, 116, 121
PRIAMOS 31, 59, 87, 91, 93, 95, 97, 98, 101, 104, 122
PRIAPOS 27
PROITOS 81

PROKRUSTES (DAMASTES) 73
PROMETHEUS 9, 10, 11, 62
PYRRHA 11, 89
PYRRHOS 89
PYTHIA 30
PYTHON 30

RHADAMANTHYS 19, 45
RHEA 7, 12, 20, 42, 43
ROMULUS 124

SARPEDON 19
SATYRN 36, 43
STHENELOS 44
SEMELE 17, 20, 33, 36
SIBYLLE 123
SINIS 72
SINON 101, 104
SIRENE 112
SKIRON 72
SKYLLA 113, 114, 122
SPHINX 8, 85
SILENE 43
STENEBOIA 81
STENNO 80
STEROPE 113
SYRINX 43

TEIRESIAS 20, 38, 86, 112
TELAMON 58, 59, 84, 99

TELEBOI 44
TELEMACHOS 116, 117, 118
TERPSICHORE 17
TEUKROS 122
THALIA 17
THEMIS 13, 16, 30
THESEUS 38, 57, 58, 60, 69-77, 84
THETIS 38, 87, 89, 92, 93, 94, 95, 98, 99
THOOSA 23
TITANEN 6, 7, 8, 12, 16, 17, 42, 62, 114
TRIPTOLEMOS 25
TROILOS 31, 91
TURNUS 123, 124
TYDEUS 86
TYNDAREOS 17, 87, 88
TYPHON 8, 72, 81

URANIA 17
URANOS (HIMMEL) 6, 8, 13, 16, 27

XANTHOS 87, 95

ZEPHYR 31
ZEUS 7, 8, 9, 10, 11, 12-19, 20, 23, 25, 26, 27, 28, 31, 32, 33, 39, 41, 42, 44, 45, 46, 51, 57, 61, 62, 65, 67, 68, 74, 87, 93, 96, 98, 104, 121, 122

ARCHÄOLOGISCHE FACHBEGRIFFE

- Amphore: Mittelgroße bis sehr große Vase zum Transport oder zur Aufbewahrung von Flüssigkeiten und schüttfähigen Lebensmitteln.

- Arula: Kleiner tragbarer Altar, auch im Miniaturformat.

- Krater: Mittelgroße bis sehr große Vase, zum Mischen von Wein und Wasser, beim Gelage benutzt. Im alten Griechenland trank man den Wein nie pur.

- Dinos: Großer Kesssel, wie ein Krater benutzt.

- Fries: Niedrige Schmuckzone ohne feste seitliche Begrenzung. An Tempeln und anderen öffentlichen Prachtbauten wurde ein Fries als oberer Abschluß einer Wand angebracht.

- Giebel: Das offene Giebeldreieck des griechischen Tempels wurde oft mit plastischen Figurengruppen verziert.

- Hydria: Mittelgroße bauchige Vase zum Wasserholen am Brunnen; zwei waagrechte Henkel am Bauch, ein weiterer senkrechter Henkel am Hals.

- Lekythos: Kleines tönernes Salbgefäß mit engem Ausguß.

- Metope: Architektonisches Schmuckelement des griechischen Tempels in Form einer oft figürlich verzierten Platte. Metopen sind oberhalb der Säulen in dichter Folge als Verschluß der Hohlräume zwischen den Balkenköpfen des Daches angebracht.

- Oinochoe: Weinkanne.

- Pelike: Bauchige Sonderform kleiner Amphoren.

- Pithos: Faßartiger Tonkrug zur Aufbewahrung von Lebensmitteln.

- Psykter: Kühlgefäß, in dessen Hohlraum kaltes Wasser oder Eis gefüllt wurde.

- Skyphos: Trinkbecher mit einem Paar waagrechter Henkel, wie eine Trinkschale benutzt.

-Stamnos: Mittelgroße bis sehr große Vase, wie ein Krater benutzt.

INHALT

Einführung .... S. 3

I.
DIE ENTSTEHUNG DER GÖTTERWELT .... " 6

DIE URGÖTTER GAIA UND URANOS .... " 6

KRONOS UND RHEA – DIE GEBURT DER GÖTTER .... " 7

DER KAMPF DER OLYMPIER GEGEN DIE TITANEN ...... " 8

DER KAMPF DER GÖTTER GEGEN DIE GIGANTEN .... " 8

DIE ERSCHAFFUNG DES MENSCHEN .... " 9

II.
DIE GÖTTER DES OLYMP .... " 12

DER GÖTTERKÖNIG ZEUS .... " 12

ZEUS' VERWANDLUNGEN UND LIEBESABENTEUER ..... " 12

DIE GÖTTERMUTTER HERA .... " 20

ATHENA UND DIE MACHT DER WEISHEIT .... " 20

DER SCHMIEDEKÜNSTLER HEPHAISTOS .... " 22

DER MEERESBEHERRSCHER POSEIDON .... " 23

DEMETER UND DIE FRUCHTBARKEIT DER ERDE .... " 23

DER GÖTTERBOTE HERMES .... " 25

APHRODITE, DIE GÖTTIN DER SCHÖNHEIT
  UND DER LIEBE .... " 27

DER KRIEGSGOTT ARES .... " 28

APOLLON, DER GOTT DES LICHTES
  UND DER REINHEIT .... " 29

DIE JUNGFRÄULICHE JAGDGÖTTIN ARTEMIS .... " 32

DIONYSOS UND DIE MACHT DES WEINES .... " 33

HESTIA, DIE GÖTTIN DES HEIMISCHEN HERDES .... " 39

DER HEILGOTT ASKLEPIOS .... S. 40

HADES UND DAS DUNKLE REICH DER UNTERWELT .... " 42

PAN, DER GOTT DES FRÖHLICHEN LANDLEBENS .... " 43

III.
HELDENSAGEN .... " 44

HERAKLES .... " 44

DIE VORZEICHEN KÜNFTIGEN RUHMS .... " 44

DIE ZWÖLF TATEN DES HERAKLES .... " 46

  Der Nemeische Löwe .... " 47
  Die Lernäische Hydra .... " 48
  Der Erymanthische Eber .... " 50
  Die Kerynitische Hindin .... " 51
  Die Stymphalischen Vögel .... " 54
  Der Stall des Augias .... " 57
  Der Kretische Stier .... " 57
  Die Rosse des Diomedes .... " 58
  Der Gürtel der Hippolyte .... " 58
  Die Rinder des Geryoneus .... " 59
  Der Höllenhund Kerberos .... " 60
  Die Äpfel der Hesperiden .... " 61

HERAKLES UND DEIANEIRA .... " 64

HERAKLES WIRD UNTER DIE GÖTTER ENTRÜCKT ..... " 65

DIE ARGONAUTEN .... " 66

  Das goldene Vlies .... " 66
  Jason und Pelias .... " 67
  Der Argonautenzug .... " 67
  Medeas Zauber und Leidenschaft .... " 68
  Medea und Jason in Griechenland .... " 69

THESEUS, DER HELD DER ATHENER .... " 69

  Die Abenteuer auf der Reise nach Athen .... " 72
  Das kretische Abenteuer .... " 74
  Theseus als König von Athen .... " 75

PERSEUS UND DIE GORGO MEDUSA .... " 78

BELLEROPHON UND DIE CHIMAIRA .... S. 81

MELEAGER, ATALANTE
   UND DER KALYDONISCHE EBER .... " 84

ÖDIPUS UND DIE SPHINX .... " 85

V.
DIE ODYSSEE:
DIE IRRFAHRTEN DES ODYSSEUS .... S. 109

Die Lotophagen .... " 109
Im Land der Kyklopen .... " 109
Die Insel des Aiolos .... " 110
Die Zauberin Kirke .... " 111
Der Gesang der Sirenen .... " 112
Skylla und Charybdis .... " 113
Die Rinder des Sonnengottes .... " 114
Die Liebe der Kalypso .... " 114
Nausikaa und die Insel der Phäaken .... " 115
Die Heimkehr nach Ithaka .... " 116
Penelope und ihre Freier .... " 117
Die Wiedergewinnung der Herrschaft .... " 118

IV.
DIE ILIAS:
DER TROJANISCHE KRIEG .... S. 87

DIE HOCHZEIT VON PELEUS UND THETIS .... " 87

DAS URTEIL DES PARIS .... " 87

ACHILLEUS AUF SKYROS .... " 89

   *Der Aufbruch zum Krieg
      und das Opfer der Iphigenie* .... " 90
   Die Belagerung Trojas .... " 91
   Der Tod des Prinzen Troilos .... " 91
   Der Zorn des Achilleus .... " 92
   Der Tod des Patroklos .... " 93
   Achilleus' Rache .... " 95
   Achilleus' Tod .... " 98
   *Der Kampf um Achilleus' Waffen
      und der Selbstmord des Ajax* .... " 99
   *Kassandra, Laokoon
      und das trojanische Pferd* .... " 101
   Die Zerstörung von Troja .... " 104
   Die Rückkehr des Agamemnon .... " 105

VI.
ÄNEAS. DAS TROJANISCHE GESCHLECHT
UND DIE GRÜNDUNG ROMS .... S. 120

DER LIEBLING DER GÖTTER .... " 121

   Die Flucht aus Troja .... " 121
   Die Reise nach Westen .... " 122
   Dido, die Königin der Karthager .... " 122
   Ankunft in Italien .... " 123
   Der Held auf den Hügeln von Rom .... " 123
   Die Gründung der Ewigen Stadt .... " 124

VERZEICHNIS DER NAMEN .... " 125